너무 착해,
　　　　너무
바보 같아

옮긴이 · 조연희

동덕여자대학교 프랑스어과와 한국외국어대학교 통번역대학원 한불과를 졸업하고, 현재는 전문 통번역사로 활동하고 있다. 역서로는 《엄마와 춤을 추다》, 《자신 없다는 착각》, 《우리의 뇌는 왜 충고를 듣지 않을까?》 등이 있다.

Trop bon, trop con?
By Delphine Luginbuhl & Aurélie Pennel
© 2021 Éditions Eyrolles, Paris, France

너무 착해, 너무 바보 같아

2022년 9월 16일 초판 1쇄 펴냄

지은이 · 델핀 뤼쟁뷜, 오렐리 페넬
옮긴이 · 조연희
펴낸곳 · 도서출판 일므디
편집 · 김소정, 정주화
디자인 · 유소진, 이경숙
마케팅 · 안효진, 임찬양
전자우편 · llmeditbook@gmail.com

ISBN 979-11-977068-4-4 03180

값 17,000원

이 책의 한국어 출판권은 도서출판 일므디에 있습니다.
저작권법에 의해 한국 내에서 보호를 받는 저작물이므로 무단 전재와 무단 복제를 금합니다.

친절한 태도의 심리학

너무 착해,
너무 바보 같아

델핀 뤼쟁빌 · 오렐리 페넬 지음 | 조연희 옮김

일므디

여는 말

아메리카 인디언에게는 '벌새 전설'이 있다. 우리 두 사람은 피에르 라비Pierre Rabhi(작가이자 '콜리브리Colibri 운동' 즉, '벌새'라는 뜻의 프랑스 생태 운동 시민 단체 설립자) 덕분에 널리 알려진 이 전설에 큰 영감을 받았다.

"어느 날 숲에 큰 불이 났다. 힘없이 공포에 떨던 동물들은 모두 이 재난을 바라만 보고 있었다. 그런데 그때 작은 벌새 한 마리가 얼마 되지도 않는 물을 부리에 묻혀서 불에 뿌리려고 쉬지 않고 강을 왔다 갔다 하는 것이었다. 짜증이 난 아르마딜로는 어차피 불을 끄지도 못할 텐데 왜 이렇게 호들갑이냐고 물었다. 벌새는 대답했다. '나도 알아, 그래도 내 몫은 해야지.'"

프랑스 대기업의 마케팅 부서에서 서로를 알게 된 우리는 더 긍정적인 세상을 만드는 데 작게나마 기여하고 싶다는 뜻을 같이 하게 되었다. 그래서 첫 번째 책 《비관주의자를 위한 낙관주의 수업》을 썼고 팀원들에게 낙관주의를 불어넣고 싶어 하는 기업을 돕기 위한 전문 활동을 개발했다. 현재는 강연, 워크숍, 세미나, 코칭, 연수 등 다양하게 참여할 수 있는 프로그램을 정기적으로 운영하고 있다.

　이 멋진 모험에 뛰어든 후부터 우리의 여정은 아름다운 만남으로 채워지고 있다. 그중에는 인생을 더 성숙하게 만들어 줄 변화를 과감하게 시도하기 어렵다고 털어놓는 사람들이 정말 많다. 우리는 사람들과 교류하면서 그들이 종종 혼란스러워한다는 것을 느꼈고, 이를 계기로 두 번째 책 《나는 더는 꿈을 포기하지 않는다 *J'arrête de renoncer à mes rêves*》를 썼다. "여러분처럼 호의적이면서도 자신을 당당히 표현하는 사람은 보기 드물어요."라는 반응이 쇄도했고 우리는 크게 감동했다.
 그러던 어느 날, 친한 편집자와 대화하다가 지나치게 착하고 친절한 나머지 이용당하는 데 지친 사람들을 위한 책을 만들고 싶다는 말을 듣게 되었다. 그 말을 듣고 우리는 당연한 일이지만 얼른 그 기회를 잡았다! 하지만 우리의 포부는 훨씬 더 컸다. 앞으로 알게 되겠지만, 이 책은 더 많은 대중을 위해 쓰였다. 친절해서 힘든 사람이든, 감당할 수 있는 범위에서만 친절한 사람이든, 자신을 돌보지 않을 정도로 친절한 사람이든, 친절한 사람들을 자주 접하는 사람이든, 더 나은 세상의 벌새가 되는 열쇠를 책장을 넘기며 찾길 바라는 마음이다.

차 례

여는 말   4

시작하며 ─────────

너무 착해, 너무 바보 같아

도대체 무슨 뜻일까?   15
친절, 뭐가 문제지?   16
모든 것은 커서의 문제다   19
'친절'한 사람에는 누가 있을까?   21
원하는 곳에 친절의 커서를 맞추자   24

첫 번째 틀 깨기 ─────────

친절한 사람들은 무엇이든 다 좋다고 한다

친절한 사람은 눈이 하나다   27
친절한 사람들은 왜 흔히 약자로 여겨질까?   33
지나치게 친절할 때도 있을까?   34
스스로를 책임질 줄 아는 사람이 되자   36
Let's do it   37

두 번째 틀 깨기

친절한 사람들은 자신감이 없다

친절한 사람들은 상처받을까 봐 두려워한다	41
다른 사람이 싫어할지 모른다는 두려움이 지나칠 때	43
친절과 복종을 혼동하면 안 된다	45
친절한 사람도 카리스마 넘칠 수 있다	47
친절을 자신감을 키우는 수단으로 만들자	49
자신감을 갖는 자신만의 방법을 찾아보자	51
Let's do it	55

세 번째 틀 깨기

친절한 사람들은 항상 행복한 미소를 짓는다

미소는 친절을 전달하는 매개체일까?	59
미소는 다른 것을 감출 수 있다	61
의식적으로 미소를 지어 보자	63
Let's do it	67

네 번째 틀 깨기

친절한 사람들은 겉모습만 봐도 티가 난다

사람들이 상상하는 친절한 모습	77
못된 사람도 가끔 착한 사람의 탈을 쓴다	80
못돼 보이는 외모에도 가끔 다른 모습이 감춰져 있다	83
친절함을 인정하고 보여 주자	85
Let's do it	88

다섯 번째 틀 깨기
친절한 사람들은 절대로 못되게 굴지 않는다

못됨과 친절은 서로 상반될까?	91
친절한 사람도 쓴소리를 할 수 있다	92
친절한 사람도 가끔 냉정하게 굴 수 있다	95
친절한 사람도 다른 사람을 놀릴 때가 있다	97
친절한 사람도 화를 낼 필요가 있다	99
친절한 사람도 못된 사람에게서 자신을 보호할 수 있다	101
친절한 사람도 악역을 떠맡을 수 있다	103
친절한 사람이라고 모든 사람을 좋아할 의무는 없다	108
자신의 감정을 솔직하게 표현해 보자	109
Let's do it	111

여섯 번째 틀 깨기
친절한 사람들은 항상 자신보다 남을 더 생각한다

타인에게 호의적이려면 먼저 자신에게 호의적이어야 한다	116
그렇다면 자아는 친절의 아군일까?	117
친절한 사람도 가끔은 이기적일 수 있다	119
어떻게 하면 올바른 균형을 찾을까?	122
현명한 이기주의자가 되는 법을 터득하자	126
Let's do it	132

일곱 번째 틀 깨기

친절한 사람들은 나쁜 관리자다

유능한 관리자란?	139
좋은 관리자는 단호하다	142
좋은 관리자는 할 말은 한다	144
좋은 관리자는 어려운 결정을 내릴 줄 안다	147
지나치게 엄격한 관리자는 나쁜 스트레스를 준다	148
친절한 관리자는 신뢰감을 준다	150
친절한 관리자는 참여 의식을 북돋는다	150
친절한 관리자는 직원의 행복과 건강까지 향상시킨다	151
친절한 관리자는 직원의 성과를 향상시킨다	152
친절하면서도 선을 분명히 하는 관리자가 되자	154
Let's do it	156

여덟 번째 틀 깨기

친절한 사람들은 일에서 큰 성과를 내지 못한다

여기에는 우리 조상들도 책임이 있다	159
친절은 기업이 성과를 낼 수 있는 요인	165
지나친 친절이 업무에 피해를 줄 때	172
지나치지도 모자라지도 않게	176
성과를 인정하고 성공을 자랑스러워하자	176
Let's do it	177

아홉 번째 틀 깨기

좋은 사람들이 항상 먼저 간다

왜 이런 믿음이 널리 퍼졌을까?	183
친절의 간단한 방정식 — 스트레스는 적게, 행복은 많이	185
우울증에서 벗어나기 위해 친절을 활용하자	189
친절은 심혈관 질환에 맞서기 위한 수단	190
질병을 예방하는 친절의 좋은 아군, 용서	191
친절이 수명에 미치는 긍정적인 영향	192
친절은 다른 사람에게 전염된다	194
마음껏 친절을 베풀고, 다른 사람들도 함께하게 하자	195
Let's do it	206

또 하나의 틀 깨기

친절한 사람들은 나쁜 사람에게 끌리는 경향이 있다

나쁜 사람, 그게 뭐지?	211
친절한 연인을 선호하는 사람	214
너무 친절해서 문제인 연인	216
친절함을 인정하고 장점으로 활용하자	219
Let's do it	221

맺으며

딱 필요한 만큼만 친절하자

이성적으로 친절을 선택하자	225
친절을 키우기 위해 자신의 모든 감정을 활용하자	227
딱 알맞은 친절의 길을 향한 '네 가지 약속'	231
친절을 표현하는 나만의 방법을 발견하자	234

작가의 말	237
미주	238
참고 문헌	243

시작하며

너무 착해,
너무 바보 같아

도대체 무슨 뜻일까?

"너무 착해, 너무 바보 같아."

이 표현은 20세기에 등장하며 대중적으로 널리 알려졌다. 여기에는 두 가지 뜻이 있다. 첫째, 너무 착하면 바보 취급을 당한다는 뜻이고, 둘째, 지나친 친절을 베풀면 이용당할 위험이 있다는 뜻이다.

여러분이 어떤 생각을 할지 짐작이 간다. 친절의 정의가 "세심하고 따뜻한 호의를 베푸는 사람의 특징"이지만, 이 표현만 보면 친절해지고 싶다는 마음은 들지 않을 것이다.

하지만 이렇게 말하면서도 친절이 사람들에게 장점으로 여겨진다는 점은 인정할 것이다. 문제는 '너무'라는 부사가 아닐까? 친절은 장점이지만 지나치면 단점일까? 그렇다면 답은 간단하다. 적절하게 한계를 정하고 필요할 때만 친절하되 지나치지도 인색하지도 않으면 충분하다.

그러나 과연 이렇게 간단히 해결될까? 1982년 개봉한 영화 〈산타클로스는 쓰레기야Le père Noël est une ordure〉에서 등장인물 피에르 모르테즈가 제제트에 대해 하는 말처럼, 가끔은 친절 자체가 문제인 것으로 보인다.

"들어보세요, 테레즈. 사람들을 나쁘게 말하고 싶지 않지만, 사실 그녀는 친절하잖아요."

친절, 뭐가 문제지?

'친절'이라는 말이 그 가치를 제대로 인정받지 못하는 경우는 흔하다.

우리가 파악한 첫 번째 문제는 이것이다. 사실 피에르는 제제트가 어리석다고 말하고 싶은 것이다. 더 심하게 말하면 이 사실을 이해시키려고 사람들에게 굳이 설명할 필요도 없다는 뜻이다.

친절하다는 것은 어리석다는 것일까? 곧바로 뇌리에 스치는 첫 번째 답은 분명 그렇지 않다는 것이다. 우리가 아는 사람들 중에는 어리석으면서 못된 사람들도 있듯이 친절하면서도 지적인 사람들 (그런 사람들을 모른다면 우리에게 연락해라. 우리가 바로 그런 사람들이니까)도 있다.

 단순하게 생각하는 경향이 있는 사람들을 착하거나 친절하다고 여기기도 한다. 그럴 듯한 관점이기는 하다. '그야말로' 못된 사람이 되려면 수단과 방법을 가리지 않고 나쁜 짓을 생각해내기 위해서라도 최소한의 지능이 필요하다는 것이다. 하지만 누구나 이와 반대되는 사례를 경험한 적이 있다. 못된 사람들은 불쾌감을 주는 기질을 뽐내려고 얼마 안 되는 지능을 모조리 쏟아 붓는 것처럼 보이기도 한다. 그들을 두고 "못된 것이 아니라 어리석다."라고 수군거리기도 한다. 하지만 이 책에서는 어리석음과 못됨을 서로 상반된 관계로 보지 않을 것이다.

 심리학자들이 행한 여러 연구를 봐도 (이 책에서 흔히 '지능'이라고 칭한) 인지 지능과, 친절과 매우 밀접한 감정 지능은 정적 상관관계임이 밝혀졌다.[1] 인지 지능과 감정 지능의 뚜렷한 상관관계를 확인한 또 다른 연구는 없지만, 지능이 친절에 브레이크를 거는 것은 아니라는 점은 분명하다.

 그렇다면 친절과 어리석음을 왜 연결하는 걸까? 아마도 지나친 친절은 가끔 개성을 지워 버리기 때문일 것이다. 나는 착하고 친절하니까 절대 큰 소리를 내면 안 되고, 의견을 밝혀도 안 되며, 누구에게도 반대하면 안 된다. 결국 혼자서는 어떤 생각도 할 수 없다고 느낀다.

 이것은 타고난 것일까? 이 점은 앞으로 살펴보기로 하고 먼저 이 책에서 목적하는 바를 이야기해 보겠다.

친절은 부수적인 자질일까?

내 마음을 바라보는 시간

니콜라, 공자그, 토마는 20년 지기 친구들이다. 세 사람은 니콜라와 공자그의 친구인 마틸드 이야기를 하고 있다. 토마는 마틸드가 누군지 모른다. 여자 친구가 없는 토마는 좋은 기회라고 생각하고 관심을 보이며 이렇게 묻는다. "마틸드는 어떤 사람이야?"

니콜라가 대답한다. "착해!"

자, 과연 토마는 마틸드를 어떻게 생각할까?

☐ 대답 A — "마틸드는 착하구나. 아주 좋아!"

☐ 대답 B — "마틸드에 대해 더 알고 싶어."

☐ 대답 C — "알겠어. 마틸드는 똑똑하지도 않고 우유부단하구나."

만약 대답 A나 B를 선택했다면 얼른 이 책을 덮어라. 여러분의 환상을 깨트리려 했다니 큰일 날 뻔했다. 이 세상과 친절에 대한 관점을 절대 바꾸지 않길 바란다. 만약 대답 C를 선택했다면 계속 이 책을 읽어도 좋다.

그렇다. 안타깝지만 친절은 종종 부수적인 자질로 여겨진다. 누군가에 대해 말할 때 착한 사람이라거나 친절한 사람이라고 강조한다면 그를 잘 모른다는 뜻이다. 이럴 때에는 구체적으로 설명하는 것이 중요하다. 마틸드의 사례가 보여 주듯 단순하게 정의하면 온갖 오해를 받기 십상이므로 이를 피하기 위해 더 세심하게 정의를 내려야 한다. "그 사람은 정말 친절해." 또는 "그 사람은 천성이 정말 착해." 또는 "본성 자체가 착하고 남을 먼저 생각하는 사람이야."

모든 것은 커서의 문제다

착하고 친절한 사람들 중에는 사생활이나 직장 생활에서 이용당하고, 존중받지 못한다고 느끼며, 경력을 쌓으려면 친절함을 드러내면 안 된다고 한탄하는 사람들이 많다.

반대로 자신이 원하는 것을 과감히 표현했다가 냉정하고 공감 능력이 떨어지는 사람으로 보일까 봐 고민하는 이들도 있다(하지만 그들은 정말 따뜻하고 인간적인 내면을 지녔다). 친절은 훌륭한 자질이지만 적절한 곳에 커서를 두지 않는다면 약점이 될 수 있다.

슬픈 세상의 교향곡

세베린은 남편과 세 아이에게 헌신하는 가정주부다. 젊었을 때는 훌륭한 음악가를 꿈꾸던 유명 오케스트라의 제1바이올린

연주자였지만, 첫 번째 출산 휴가가 끝나자 남편은 복귀를 말리며 세베린을 설득했다. 세베린은 사랑하는 사람들에게 시간과 에너지를 쏟기 위해 자신의 꿈을 접었고, 그렇게 결정을 내린 것에 대해 나름 뿌듯했다. 그리고 남편이 대형 유통 체인점의 임원직을 제의받았을 때는 가족과 친구들과 떨어진 곳으로 멀리 이사해야 했지만, 개의치 않았다. 이렇게 세베린은 식구들에게 온 힘을 다해 헌신했지만 아무런 인정도 받지 못했다. 그리고 자신의 열정에 조금도 시간을 쓰지 않을 정도로 점점 스스로를 잊어 갔다(그녀는 몇 년째 바이올린에 손도 대지 않았다).

타인에게 너무 친절하다 보면 스스로를 잊는다. 그러면 내가 베푼 친절을 남용한 사람들을 원망하거나 스스로를 존중하지 못한 자신을 원망하게 된다. 과도한 친절은 나쁜 사람들을 자석처럼 끌어당긴다. 이들은 싫다고 말하지 못하는 착한 바보들을 금방 알아본다. 다른 사람들을 조종하는 이들은 친절한 사람들에게 존중받고 인정받을 수 있는 것처럼 믿음을 심어 주지만, 사실상 자신의 이득을 챙기는 일방적 관계를 만든다. 이 사실을 깨닫는 날, 친절한 사람은 실망하고 씁쓸해하며 크게 슬퍼하거나 우울증에 빠진다.

게다가 또다시 이용당할지 모른다는 두려움 때문에 타인에게서 스스로를 보호하려고 한다. 사람들과 진지한 관계를 맺기를 거부하고 착한 모습을 보고 찾아온 사람들을 밀어 낼 수도 있다. 모든 관계가 엉망이 되는 것이다.

'친절'한 사람에는 누가 있을까?

이용당하는 일에 지친 친절한 사람들

나중에야 속았다는 것을 깨닫고 실망한 목소리로 "나는 정말 너무 착해."라고 한탄하는 사람들이 있다.

이 짧은 문장 뒤에 숨은 당사자는 완전히 극과 극의 모습을 보인다. "너처럼 착한 사람이 세상에 또 어디 있어."라는 식의 짧은 칭찬이라도 들으려는 사람들이 있는 반면에 정말로 정신적인 혼란을 경험하는 사람들도 있다.

크게 힘주어 한번 외쳐 보자. 사생활에서든 직장생활에서든 이용당하지 않으면서도 친절한 사람이 될 수 있다!

친절한 사람들이 진짜 원하는 것을 깨닫고, 싫다고 말할 줄 알고, 적극적으로 자신을 표현하는 법을 배우고, 자신감을 키우면 사람들에게 존중받을 수 있다. 진정한 호의란 자기 자신에게서 시작된다는 점을 꼭 기억하자.

더 친절해지고 싶은 사람들

친절은 타고난 성격보다는 태도와 관련 있다. 내가 원하지 않는 일이 일어나는 것이 인생이라지만, 어떻게 대응할지 결정할 자유는 우리에게 있다. 친절은 형체가 없는 심리 상태가 아니라 여러 가지 행동이 이어진 것이다.

믿을 수 없는가? 회사 동료가 옆 사람이 한 일을 가로채려 하고,

어린 인턴을 놀리고, 내가 입을 열자마자 입 냄새 난다며 코를 막는다고 가정해 보자. 사람들이 뒤따라오는데도 코앞에서 엘리베이터 문을 닫아 버리며, 청소하는 직원 앞에서 보란 듯이 바닥에 쓰레기를 버린다. 그래 놓고는 점심시간 식당에서 가정사를 늘어놓으며 "어쨌든 나는 너무 착해."라고 한다. 이 말을 있는 그대로 받아들일 수 있을까? 아마도 이 말이 미심쩍거나 노골적인 의심이 들지 않을까? 만약 그렇다면 제대로 이해한 것이다.

이렇게 조금씩 초점을 맞추다 보면 우리도 나약하거나 개성 없는 사람처럼 보일까 봐 제대로 친절을 베풀지 않은 적이 있었음을 인정하게 된다. 이 두려움이 걸림돌이 되는 곳은 다름 아닌 직장이다. 친절이 한 집단에 미치는 영향이 얼마나 큰지 안다면 정말 안타까운 상황이 아닐 수 없다. 이 책에서는 진심으로 친절을 표현했을 때 생기는 장점을 살펴볼 것이다. 그 장점을 알게 되면 타인에게 그리고 스스로에게 더 과감하게 친절을 베풀게 될 것이다.

친절한 사람들이 올바른 자리를 찾도록 돕고 싶은 사람들

친절의 '친'자를 크게 써 주어야 할 만큼 '정말 친절한' 사람이 아니어도, 친절의 장점을 지지할 수 있다.

너무 친절해서 어려움을 겪는 사람을 보면 돕고 싶다는 마음이 들 때가 많지만, 도무지 방법을 모르겠다는 사람들이 있을 것이다.

부서 회의에서든 가족 모임에서든 친구들 간 술자리에서든 친절한 사람이 공격받을 때 우리가 즉시 보일 수 있는 반응은 그들에게 방패막이 되어 주는 것이다. 이 방법이 권장되기는 하지만 그들을 지키기에 역부족이며 자칫하면 역효과를 불러온다. 친절한 사람들은 무엇보다 스스로 헤쳐 나가는 법을 배워야 한다.

물론 나 홀로 무리를 상대해야 하는 아이의 사례처럼 친절한 사람이 누군가에게 지배당해 빠져나오지 못하는 상황도 있다. 하지만 이런 경우가 아니라면 친절한 사람들에게 용기를 주고, 신중하게 조언해 주며, 적합한 사례를 알려 주어 제자리를 찾도록 돕는 것이 더 낫다. 다시 말해 그들 스스로 성장하면서 자신이 소속된 가정, 회사, 학교와 같은 집단도 더 행복하게 만드는 것이다.

누구나 그렇다

친절의 명성을 되찾으려면 타인을 위한 행동만 해야 하는 것은 아니다. 앞으로 살펴보겠지만, 일상생활에서든 조직의 성과를 위해서든 착한 사람들이 자연스레 친절해지기 좋은 상황에 놓이면 주위 사람들은 그것을 이용하기 때문이다.

솔직히 이 책이 베스트셀러가 된다면 우리 저자들도 더할 나위 없이 기쁠 테니 솔직하게 말하겠다. 여러분이 사우론(《반지의 제왕》에 등장하는 어둠의 마왕)과 볼드모트(《해리포터》에 등장하는 어둠의 마법사)가 합쳐진 사악한 사람이고 친절 따위 없어져 버렸으면 좋겠다고 바라면서 살고 있다면, 이 책은 여러분을 위한 책이다. 《손자병법》의 유명한 교훈인 "적을 알고 너 자신을 알라"를 기억하자.

원하는 곳에 친절의 커서를 맞추자

역사, 문학, 영화, 철학에는 친절에 관한 의견과 조언이 넘쳐난다. 친절은 인간의 본성에 내재된 자질로 장점 그 자체라는 말도 있다. 하지만 인생에서 성공하려면 극복해야 하는 약점이라고도 한다. 그 결과, 친절에 대한 수많은 고정 관념이 생겨났다.

이 책에서는 여러 영역(일상, 직장, 영화, 문학, 심리학 등)에 등장하는 사례들을 보며 친절에 대해 사람들이 갖는 고정된 틀을 일목요연하게 정리할 것이다. 그리고 이 틀이 지닌 한계를 살펴보고, 친절한 사람을 전혀 어울리지 않는 이미지 속에 가둬 버리는 요소를 낱낱이 파헤칠 것이다. 끝으로 친절한 사람들이 자신이 진짜 원하는 곳에 친절의 커서를 맞추고, 자신의 자리를 찾도록 돕기 위한 구체적인 가이드를 제시하며, 직접 해 볼 수 있는 연습을 제안할 것이다.

첫 번째 틀 깨기

친절한 사람들은
무엇이든 다 좋다고 한다

친절한 사람은 눈이 하나다

이 격언을 보면 친절한 사람들은 타인의 결점과 비열함을 볼 능력이 없다는 생각이 든다. 타인의 장점만 보면서 남들과는 다른 세상에서 살고 있을 것 같다.

그렇다 보니 친절한 사람은 남에게 이용당하기 쉽다. 양심 없는 판매원을 만나도 장사꾼이라는 사실은 깨닫지 못하고 미소에 홀려서 싹싹하고 착한 사람이라고 판단할 수도 있다. 물건을 팔려는 조급함과 탐욕스러움이 그 미소 뒤에 숨어 있다고는 생각하지 못할 것이다.

다음 사례를 보면서 이러한 믿음에 대해 다른 입장에서 생각해 보자.

모든 일에 신경 쓰자

경영대학원에서는 우리 같은 젊은 학생들이 가장 잘 맞는 진로를 선택하고, 최상의 성과를 내며 크게 성장할 수 있는 직업을 찾는 데 도움이 되도록 성격 검사를 한다.

검사가 끝나면 점수가 나오는 것이 아니라 결과 분석가와 면담을 할 수 있다. 나는 인도주의적인 일이나 사회사업 같은 일은 절대 할 수 없다는 평가를 받았다. 결과 분석가는 단도직입적으로 말했다. "당신은 너무 친절하고 감성적이에요. 남편을 잃은 사람이나 고아가 있으면 함께 울어 줄 사람이지요." 그는 내게 가장 잘 맞는 직업을 찾아 주었다. "영업을 하면 정말 잘할 거예요! 고객에게 항상 해결책을 찾아 주고 제일 좋아할 물건을 판매할 테니까요."

오렐리

여기서 친절의 소명은 누군가를 속이는 것이 아니라 최적의 물건을 찾아 주는 것이다. 최고의 판매원은 아무에게 아무 물건이나 판매하는 사람이 아니다. 이런 판매원은 불만족, 주문 취소, 항의만 불러일으킨다. 최고의 판매원은 고객의 말을 경청하고, 고객을 이해하고, 최선의 조언을 한다. 놀랍게도 이런 판매원을 만난 고객은 주문을 계속 하며 단골이 된다.

"친절한 사람은 눈이 하나다."라는 말 뒤에 따라오는 말이 있다.

"하지만 영리한 사람은(심지어 때로는 못된 사람은) 눈이 두 개다."이다. 이 표현만 보면 친절한 사람들은 이용당하며 넋 놓고 속아 넘어간 다는 인식이 강하게 든다.

필터를 정한다

친절한 사람과 못된 사람 중 누가 더 옳은지를 떠나 이들은 똑같은 상황에서도 다른 반응을 보인다. 사실 똑같은 사건도 사람마다 받아들이고 해석하는 것이 다르다.

다음 두 가지 사례를 통해 이 현상을 살펴보자.

내 공로를 가로채려는 동료?

몇 주 전부터 갈수록 좋은 사람이라고 느끼는 동료와 중요한 보고서를 작업하고 있었다. 그런데 금요일에 연차를 내고 주말을 보낸 뒤 출근했더니 내가 없는 사이에 동료가 팀장에게 보고서를 제출해 버렸다는 사실을 알게 되었다. 이때 무슨 생각이 들까? 아니면 어떤 기분일까? 이 상황을 어떻게 해석할 수 있을까?

☐ "내 공로를 가로채고, 자신이 돋보이려고 나를 이용한, 정말 나쁜 위선자! 역시 너무 착하면 바보가 되네."

☐ "그 보고가 완전 시간 낭비라고 생각했었는데, 나 대신 해 주다

니 고맙군."
- "보고서의 주제가 워낙 중요해서 상사가 팀원들의 진행 상황을 알고 싶어 했고 그도 빠져나올 수 없었을 거야. 어쩌면 그도 곤란해서 내가 옆에 있었으면 좋겠다고 생각했을지도 모르지. 대신 내가 보고서에 참여하고 기여했다는 점을 언급했으면 좋겠어. 아니면 오히려 반대로 나를 배제시키려고 이 상황을 이용했을 수도 있지."

여기서 착한 사람이나 못된 사람으로 분류할지는 여러분에게 달렸다. 그가 여러분에게 "너무 착하면 바보야."라는 딱지를 붙이거나(아무 반응 없이 업무를 넘겼을 경우), 못된 사람이라는 딱지를 붙이는 것('내 뒤통수를 쳤으니 내가 누군지 보여 줘야겠어!'라고 생각하며 동료에게 차갑게 따진 경우)도 여러분에게 달렸다. 가장 적절한 대응은 정확히 무슨 일이 있었는지 동료에게 직접 묻는 것이다.

이 예시는 우리가 살면서 접하는 사건들을 필터를 거쳐 해석하며 세상을 인식한다는 사실을 보여 준다.

한쪽 눈으로만 보는 친절한 사람은 어리석고 위험을 감수해야 한다는 생각이 들 수도 있지만 그렇다고 못된 사람의 관점이 더 현실적인 것은 아니다.

친절한 사람과 못된 사람이 사용하는 필터의 큰 차이점은 무엇일까?

개인의 이익 vs. 모두의 이익

못된 사람은 개인의 이익만 볼 뿐, 모두의 이익에는 관심이 없다. 주위 사람들이 입을 피해는 아랑곳하지 않고 무슨 일이 있어도 자신의 목적을 달성하려고 한다.

반면에 친절한 사람은 자신이 바꿀 수 있다는 생각이 드는 상황에서는 무엇이든 한다. 흔히 자신의 이익보다 전체의 이익을 우선시한다. 하지만 '너무' 착한 행동 속에서 균형을 잃고 자신을 송두리째 희생할 위험도 있다.

자아와 권력 vs. 타인을 위한 봉사

못된 사람은 자신만 생각하며 권력과 복종에 목말라한다. 그는 남들을 괴롭히기를 즐기는데 고통받는 타인을 보며 자신이 남보다 우위에 있고 더 똑똑하며 강하다고 느끼기 때문이다. 그래서 개의치 않고 타인을 조종한다. 그의 좌우명은 "더 지배하기 위해 분열을 일으키자."이다.

반면에 친절한 사람은 타인을 위해 봉사한다. 친절한 사람은 자기중심적이지 않다. 타인을 교육하거나 관리하는 것처럼 권위가 필요한 상황에서도 타인에 대한 권력이 자신에게 있다고 여기지 않으며 누구에게도 복종을 강요할 마음이 없다. 반대로 자신은 타인이 성장하고, 발전하고, 쉬어갈 수 있도록 돕기 위해 있다고 생각한다. 그의 좌우명은 "혼자 가면 더 빨리 가지만 같이 가면 더 멀리 간다."이다.

불신과 두려움 vs. 신뢰

못된 사람은 세상이 적대적이라고 생각한다. 그를 위한 보호 무기는 못됨밖에 없다. 그런데 못됨은 자생하는 경향이 강하므로 해로운 행동은 그와 비슷한 반응을 불러온다. 부정적인 믿음 속에서 못됨은 더 강화되고 적대적인 행동도 거세진다. 그의 좌우명은 "물리기 전에 무는 것이 낫다"이다. 하지만 속지 말자. 이 행동에는 타인을 두려워하고 자신감이 부족하다는 사실이 숨어 있다.

반면에 친절한 사람은 처음부터 옆 사람이나 모든 사람을 믿는 경향이 있다. 친절한 사람의 좌우명은 "뿌린 대로 거둔다. 그러므로 좋은 의도를 뿌리는 것이 낫다."이다. 물론 가끔은 '이용당할 때'도 있지만 누구도 믿으면 안 된다거나 다음에는 무기부터 꺼내야겠다고 결론 내리지 않는다.

그렇다면 왜 친절의 필터를 선택하지 않을까?

먼저 과거에 겪었던 장애물을 들 수 있다. 남에게 속았거나 배신당했거나 어두운 성향의 사람들과 가까이 지냈다면 자연스럽게 타인을 불신하는 경향이 짙어진다. 좋은 것을 주고받을 수 있는 상황에서도 이를 마다하고 상처받을지 모른다는 위험을 피하기 위해 공격적이고 못된 태도를 취한다.

또는 타인을 모방하기 때문이다. 일상적으로 적대적인 환경에서 일한다면 자연스럽게 타인의 행동에 동화된다(이 경우에는 직장에서의 친절을 다룬 내용을 참고하면 좋다).

문화적인 여건도 들 수 있다. 우리 사회는 가끔 친절을 약점으로 본다. 무의식중에 이 믿음에 동조하면 나의 진짜 모습과 어울리지 않는 행동을 할 위험이 있다. 사회의 강요에 지배당하는 것이다.

친절한 사람들은 왜 흔히 약자로 여겨질까?

사회에서 친절을 약점으로 여기는 이유를 이해하기 위해 에마뉘엘 자플랭Emmanuel Jaffelin[2]의 도움을 받아 철학으로 방향을 돌려보자. '친절한 사람'이라는 말은 어원적으로 여러 시대를 거치며 극과 극의 의미를 지녔다.

- 고대 로마인들에게 친절한 사람이란 '도시를 건설한 명문 가문'을 의미했다. 친절한 사람이라는 말은 세대를 거쳐 계승되는 상징이었다. 한편 그리스도인들에게 친절한 사람은 '개종해야 하는 비신자'를 뜻했다.
- 중세에 친절한 사람은 '귀족의 태도', '기사도의 가치'와 유사한 의미였다(여기서 '신사'라는 개념이 나왔다). 그러다가 이 의미가 점차 사라지고 아첨하는 태도를 지칭하는 의미가 등장했다. 다시 말해 친절한 사람은 '명예와 관대함을 구현하는 사람'(타인의 목숨을 구하려고 자신의 목숨을 바치는 사람)이라는 의미에서, '비위를 맞추는 사람', '다른 속셈 없이 절대 나서지 않는 사람'(다

른 사람을 보내 대신 싸우게 하고 명예를 가로채는 사람)이라는 의미로 바뀌었다.
- 프랑스 대혁명이 일어나면서 친절한 사람이란 '쓰러트려야 하는 사람'이라는 의미가 되었다.

에마뉘엘 자플랭은 더 깊이 있게 설명한다. 친절을 베풀려면 누군가에게 완전히 봉사할 수 있도록 자기 자신을 잊어야 한다고 말이다. 프랑스 대혁명 이후, 인간은 자유롭다는 사고방식이 자리 잡으면서 누군가에게 자발적으로 복종하는 일은 있을 수 없게 되었다. 보상을 받는 대가로 그런 역할이 주어질 때만 우리는 누군가를 위해 일하는 것이다. 복종 행위가 끝나면(또는 복종하며 보낸 업무 일과가 끝나면) 우리는 그 누구와도 다름없는 평등한 자유 시민으로 돌아온다. 하지만 친절은 그 순간만큼은 대가를 바라지 않고 자신을 잊으며 누군가에게 봉사하는 것이다. 친절이 미덕으로 여겨지면서도 그 가치를 제대로 인정받지 못하는 이유다.

지나치게 친절할 때도 있을까?

속지 않는 또는 속는 상담원

고객들의 태도에 따라 상담원의 답변도 달라진다는 것을 결정적으로 보여 준 두 장면이 있었다.

☐ 결제해야 할 돈을 내지 못할 상황에 놓인 남성이 상담원을 공격적으로 몰아붙였다. "당신은 형편이 어렵고 부양할 자식들이 있다는 게 어떤 건지 몰라. 나를 도와주려고 손가락 하나 까딱할 마음도 없잖아. 정말 냉정하군! 당신도 반드시 똑같은 일을 당할 거야." 상담원은 어려운 상황은 이해하지만 할 수 있는 제안은 모두 했다며 단호하게 대답했다. 그리고 미안하지만 더 할 수 있는 일은 없으니 양해해 달라고 하고 나서 이렇게 외쳤다. "다음 고객이요!"

☐ 비슷한 상황에 처한 젊은 여성이 같은 상담원에게 당신은 맡은 일을 하는 것뿐이니 원망하지 않겠다고 말했다. 그 여성은 여러 번 은행 대출을 받으며 돌아올 수 없는 강을 건넜음을 잘 알았다. 하지만 어린 자식이 있어서 이 상황을 어떻게 빠져나와야 할지 몰랐다. 그는 자신 때문에 상담원이 곤란한 상황에 처했다고 미안해했다. 그리고 자리에서 일어나려는 순간 상담원은 잠깐만 기다리라고 했다. 그리고 서류를 다시 한 번 꼼꼼하게 살피더니 은행의 거래 금지 절차가 시작되는 것을 막기 위해 하루빨리 해야 할 일이 무엇인지 알려 주었다.

카롤

비슷한 상황에서 상담원은 완전히 다르게 행동한다. 친절하게 이

어지던 두 번째 대화에서는 자기 일처럼 적극적으로 나선 것이다.

프랑스의 작가이자 배우인 프랑시스 블랑슈Francis Blanche의 말처럼 "못됨 앞에서는 스스로를 지킬 수 있지만 친절 앞에서는 그럴 수 없다."

여기서 하나만 알아 두자. 만약 상담원이 사비를 쓰면서까지 친절한 고객의 부족한 돈을 채워 주려고 했다면, '지나치게 친절한' 사람을 만났을 때는 틀림없이 정해진 원칙을 깼을 것이다.

중요한 것은 자신의 한계를 지키는 것이다. 친절은 타인을 위한 무조건적인 희생을 뜻하지 않는다. 소중한 사람들을 호의적으로 대하려면 먼저 자신을 돌보는 것에서 시작해야 한다. 기운이 하나도 없는데 어떻게 다른 사람들이 원하는 정서적이고 애정이 담긴 도움을 주겠는가?

친절은 선물이지만 자신을 희생하다가 균형을 잃을 만큼 과도한 친절을 베푼다면 '너무' 친절한 것이다.

스스로를 책임질 줄 아는 사람이 되자

친절이든 그 무엇이든 모든 것은 정도의 문제다. 중요한 것은 타인에게 베푼 선행은 무엇이며, 거기서 내가 얻을 수 있는 이익은 무엇인지를 동시에 고려하며, 당당하게 선행을 행하는 것이다. 타인을 위해 행동하다가 자기 자신까지 잊지 않도록 조심하자.

Let's do it

친절한 행동을 할 때마다 최선을 다하고 스스로 다음 질문을 해 보자.

- ☐ 타인에게 어떤 것을 해 주었나?
- ☐ 내 기분은 어떤가?
- ☐ 나에게 돌아온 것은 무엇인가?
- ☐ 과하지 않다면 친절을 더 베풀어도 되는가? 그렇다면 어떻게 해야 하는가?

이런 식으로 스스로에게 묻다 보면 친절이 타인과 나 자신 모두에게 도움이 되었는지 아니면 나에게 좋은 점은 하나도 없는데도 내가 계속해서 잘못된 길로 가는 것은 아닌지 깨달을 수 있다.

추가로 해 보기

'친절 일지'에 이 내용을 적어 보자. 종이에 적는다는 것은 단순한 행위를 넘어 적는 내용을 더 명확하게 인지하게 해 준다. 기회가 될 때마다 적어 둔 내용을 다시 읽어 볼 수 있고, 친절한 행동을 했을 때 느꼈던 좋은 감정도 되새길 수 있다.

두 번째 틀 깨기

친절한 사람들은
자신감이 없다

친절한 사람들은 상처받을까 봐 두려워한다

정말 좋아해요!

카롤린은 달고 짠 음식을 싫어한다. 하지만 카롤린이 시어머니를 만나러 갈 때마다 시어머니는 그런 음식을 준비한다. 아마도 여러분은 이 행동을 두고 눈에 넣어도 아프지 않은 아들을 훔쳐 간 카롤린에게 음식을 이용해서 복수하려는 시어머니의 잔혹한 수법이라고 생각할 수도 있다.

하지만 틀렸다. 시어머니는 며느리 카롤린이 정말 좋아서 그 마음을 보여 주려고 노력하는 것이다. 처음 며느리를 만난 날에는 말린 자두를 넣은 토끼 고기 요리를 해 주며 며느리에게 달고 짠 음식을 좋아하는지 물었다. 시어머니에게 잘하고 싶고 무슨 일이 있어도 속상하게 해 드리기 싫었던 카롤린은 "정말 좋아해요!"라고 탄성을 지르고 말했다. 피할 수 없는 악순환의 톱니바퀴가 돌아가기 시작했다.

친절한 사람이라면 누구나 카롤린 같은 상황에 놓인 적이 있을 것이다. 친절한 사람들은 주위 사람들의 행복을 중요시하므로 솔직한 의견이나 욕구를 과감히 표현하지 못하는 경우가 많다. 이러한 조심스러움은 잘못하면 자신감이 부족하다는 인상을 줄 수 있다. 상대방은 친절한 사람들이 판단받거나 서툴고 우스꽝스러워 보일까 봐 속내를 표현하지 못한다고 생각한다. 하지만 이들이 정말 두려워하는 것은 솔직한 의견을 표현했다가 타인의 감정에 영향을 미치는 것이다.

친절한 사람들은 자신의 말과 행동이 불러오는 반응을 예의주시한다. 자신의 행동으로 누군가에게 상처를 주었다는 느낌보다 더 나쁜 것은 없기 때문이다.

그래서 자신의 말이 부정적으로 받아들여질 때는 말을 아끼고 솔직한 의견이라도 일정 부분 이상은 표현하지 않으려 한다. 상처를 줄지도 모른다는 위험을 감수하기보다 아예 말을 하지 않는 편이 낫기 때문이다. 어떻게 생각하느냐는 질문을 받아도 의견을 표현하기를 꺼린다. 그들의 입을 열게 하려면 끈질기게 요구해야 할 때도 있다.

그러다가 마침내 의견을 말했더라도 다른 사람들이 싫어할 만한 말일 수도 있다. 이 경우, 어떤 사람들은 "내 말을 안 들을 거였으면 애초에 묻질 말았어야지!"라고 해 버리고 끝내겠지만, 친절한 사람들은 그런 의견을 갖게 된 이유를 설명해야 한다는 의무감을 느낀다.

정말 친절한 사람들은 누군가를 힘들게 할지 모른다는 두려움과, 그 사람의 성장에 진심으로 도움이 되고 싶다는 욕구 사이에서 갈팡질팡한다. 이들은 서로 다른 사람들을 모두 만족시키려고 부단히 노력하므로 지나친 반발에 부딪치면 말끝을 흐리며 우물쭈물할 수도 있고, 의견을 바꾸거나 자신의 행동 방식을 포기할 수도 있다. 그렇게 '변덕쟁이'라는 멍에를 쓰게 된다.

다른 사람이 싫어할지 모른다는 두려움이 지나칠 때

다른 사람이 나 때문에 불편해지거나 나를 마음에 들어 하지 않는다는 두려움이 클 때, 친절한 사람은 정말 큰 상처를 입는다. 자기 자신을 표현하면 사람들이 싫어한다는 확신에 빠져서 자신의 욕구를 표현하지 못한다. "사람들이 하라는 대로 하지 않으면 나는 더는 사랑받지 못해." 이는 자존감이 부족해서 자신감에 문제가 생긴 것이다.

자신감과 자존감의 차이는 무엇일까?

☐ 자신감 — 목표를 달성하기 위해서라면 어떤 일도 해낼 수 있다는 자신의 능력에 대한 감정이다. 주로 성공이나 실패라고 인식되는 경험을 통해 형성된다.

☐ 자존감 — 자신감과 비슷하지만 다른 개념으로, 인간으로서 자신의 진가에 대한 감정을 말한다. 주로 타인이 우리를 어떻게 대하느냐에 따라 형성된다.

흔히 자신감이 높은 사람이 자존감도 높고, 자존감이 높은 사람이 자신감도 높다. 하지만 늘 그렇지는 않다. 머리가 좋아서 항상 주목을 받아 온 청소년은 대학 입시를 치를 때 자신감은 높지만, 대화를 나눌 때는 관심받을 자격이 없다고 느껴 참여할 엄두를 내지 못할 수 있다. 반대로 자신의 분야에서 인정받는 과학자라도 학회에서 연구를 발표할 때는 온몸이 경직되어 형편없는 발표자로 전락할 수 있다.

자신감 부족은 잘못된 이유로 한 개인을 사라지게 한다. 자신감이 부족한 사람은 자신의 가치관에 맞게 행동할 때 당연히 따라오는 즐거움을 느끼지 못하고, 자기 자신을 잊을 정도로 스스로를 비하한다. 결국 "나는 모두에게 늘 친절히 대했는데 왜 나한테 관심이 없는 거야!"라며 주위 사람들을 원망하는 경우도 많다. 사실 자기 자신을 잊으면서까지 타인을 도우면서 스스로 꽃을 피우는 경우는 극히 드물다. 오랜 기간 이렇게 행동한 사람은 자신이 모범적인 행동을 했으니 마땅한 대가를 받아야 한다고 생각하지만 돌아오는 것이 없으면 타인을 원망한다.

친절과 복종을 혼동하면 안 된다

이제 자신감 있는 사람들의 입장에서 살펴보자. 그들은 당당히 자신을 표현하고, 자신의 생각을 말하며, 타인에게 동의하지 않을 때는 반기를 든다. 그래서 친절하지 않다는 오해를 살 수도 있다. 이 오해는 일부 사람들이 친절과 복종을 혼동하는 데서 온다. 사람들은 친절한 사람이 솔직한 의견을 말하기보다 자신들이 듣고 싶어 하는 대답을 해 주기를 바란다.

이 고정 관념은 가족 사이에도 깊이 뿌리내린 경우가 많아서 아이들에게도 어렸을 때부터 꼬리표를 붙이는 경우가 흔하다. 엘리자와 비르지니의 사례에서 보듯 형제자매 사이에 성격이 크게 다를 때 이는 더 악화된다.

착하다는 꼬리표가 붙는다고 착한 건 아니다

엘리자는 여동생 비르지니보다 세 살 더 많다. 어렸을 때부터 두 사람의 성격은 크게 달랐다. 엘리자는 표현이 확실하고 자기 의사가 분명했으며 어른들 앞에서도 고집을 꺾지 않았다. 반면에 비르지니는 있는 듯 없는 듯했고 갈등이 생기면 잠자코 있기를 좋아했다. 감정을 표현하는 법도 서로 달랐다. 엘리자는 감정 조절을 유독 어려워해서 감정을 표현했다 하면 완전히 폭발했다. 비르지니는 속상한 일이 있으면 혼자 있거나 남몰래 눈물을 흘리는 편이었다. 그래서 아주 어렸을 때부터 식구들은 엘리자에게는 주관이 뚜렷하고 성격이 '나쁘지만', 비르지니에게는 '착하다'는 꼬리표를 붙였다.

지금 두 사람은 40대가 되었지만 가족이 붙인 꼬리표는 아직도 남아 있다. 하지만 엘리자가 얼마나 착하고, 비르지니가 얼마나 주관이 뚜렷한지 모든 친구들은 안다. 그러던 어느 날, 엘리자는 아버지와 대화 중에 타협점을 찾으려고 했다가 여전히 공격적이라는 이유로 야단을 맞았다. 엘리자는 그런 아버지의 반응 때문에 무척 속상했다. 같이 있던 비르지니는 뒤로 물러나 잠자코 있었다. 비르지니는 정말 착한 사람은 언니인데 아버지가 왜 모르는지 이해할 수 없다며, 나지막한 목소리로 언니를 위로했다.

엘리자와 비르지니의 사례는 부모가 아이의 모습 중에서 착한 모습과 부모의 권위에 복종하는 모습을 혼동할 때 어떤 일이 벌어지는지 보여 준다. 부모는 있는 듯 없는 듯한 아이의 성격을 더 좋게 본다. 부모는 아이가 부모 마음에 들려고 그렇게 행동한다고 생각하지만, 대개 아이는 자신을 방어하기 위해 회피 전략을 쓰는 것이다. 반면에 착한 아이라도 감수성이 극히 예민하거나 성격이 강하면 부당해 보이는 모든 행동에 반발심을 표현한다. 아이의 화가 폭발할 때, 부모가 그 이면의 모습을 보지 못한다면 정말 착한 아이라서 흥분한다는 사실을 알아차리지 못한다.

여기서 주목해야 할 점은 아이가 부모의 권위에 복종하는 것은 대부분 겉모습일 뿐이며 전략이라는 점이다. 일단 '착하다'는 꼬리표가 붙은 아이는 어른을 수월하게 다루고 어른 몰래 정반대의 잘못된 행동을 수없이 저지르기도 한다(만일 이 책이 일반 대중을 위한 책이 아니고, 저자들이 비밀을 지키겠다고 맹세하지만 않았다면, 여러분은 비르지니에 대한 다소 외설스러운 이야기를 들었을 수도 있다).

친절한 사람도 카리스마 넘칠 수 있다

친절한 사람들은 타인을 배려하고 이목이 집중되는 자리를 타인에게 양보한다. 이사회에서 발언을 하거나 학생회 선거에 출마하는 것처럼 주목받는 일을 맡을 지원자를 모집할 때, 친절한 사람은 카리스마가 있더라도 무조건 지원하지 않는다. 이런 신중함은 잘못하면 자신감 부족으로 여겨진다. 하지만 이 사람들은 실패를 두려워하는 것이 아니다. 자신이 성공한다면 나보다 더 그 자리를 원했던 사람들의 기회를 빼앗는 것은 아닐까 두려운 것이다.

그렇다고 친절한 사람들이 항상 눈에 띄지 않는 곳에 있다고 생각한다면 오산이다.

우리는 고귀한 대의에 자신을 희생한 사람들을 많이 알고 있다. 넬슨 만델라, 아베 피에르, 달라이 라마, 시몬 베유 등, 모두 착한 마음으로 선행을 실천했고 이타주의자였으며 인류에게 헌신한 것으로 유명하다.

그들의 깊은 관대함은 그들의 이상과 가치에 배어들었다. 그들은 자신의 이상을 믿었고, 이 믿음은 행동에 나서고 위대한 일을 해낼 수 있는 헤아릴 수 없는 힘을 주었다. 그들은 언제든 지도자의 자질로 여겨지는 청렴결백함과 용기를 몸소 보여 주었다.

나는 절대 지지 않아

인종 차별 제도를 종식시키고 노벨 평화상을 수상한 넬슨 만델라는 남아프리카공화국 최초의 흑인 대통령으로, 27년 수감 생활 중에도 자신의 가치를 고수했다. 그는 인생에서 어떤 장애물을 만나도 자신의 이상을 끝까지 추구할 능력이 있다는 믿음을 저버리지 않았다.

넬슨 만델라가 시련을 극복할 수 있었던 것은 다른 지도자처럼 권력에 목말라했기 때문이 아니다. 더 나은 세상을 만드는 데 힘을 보태겠다는 자신의 이상과 강력한 의지를 믿었기 때문이다. "우리가 다른 사람들의 인생을 어떻게 바꾸었는지가 우리 삶의 의미를 결정합니다."

넬슨 만델라는 실패를 상대적으로 바라보라고 조언했다. 절망에 부딪쳐도 자신감을 잃거나 스스로를 비하하는 대신에 "저는 절대 지지 않습니다. 무엇이든 얻거나 배웁니다."라고 힘주어 말했다.

친절을 자신감을 키우는 수단으로 만들자

친절하지만 자신감 없는 사람의 이야기는 문학과 영화에도 등장한다. 그 속에는 악인의 횡포에 대항하여 아무것도 할 수 없다는 확신에 빠진 영웅들이 가득하다. 친절한 영웅들은 줄거리 도입부에는 자신감이 없지만 모험과 시련을 거치면서 불굴의 의지와 강철 같은 정신력을 드러내고, 당연한 말이지만 지나치게 자신감이 넘치던 사악한 인물에게 마침내 승리한다.

가장 착하고 용감한 친구

이와 관련한 상징적인 인물이 있다. 바로 존 로날드 로웰 톨킨의 책 《반지의 제왕》에 나오는 프로도의 충직한 친구인 샘이다. 샘은 친절한 사람의 특징을 모두 갖췄으나 반지 원정 초반에는 자신감이 완전히 바닥이었다. 하지만 프로도를 향한 한결같은 우정을 통해 용기를 얻었다. 샘은 프로도를 구하기 위해서라면 어떤 위험도 주저하지 않았다. 샘은 점점 반지 원정대에서 가장 용감한 인물로 떠올랐다. 그리고 샘의 친절함은 그의 주된 힘이 되었다. 반지를 손에 넣은 사람의 정신 속으로 악의 세력이 스멀스멀 스며들어갈 때, 샘은 친구를 믿었기에 그를 안전하게 이끌 수 있었다.

반대로 전형적인 못된 인물들은 자신감이 하늘을 찔러 결국 패배한다. 그들은 지나친 자신감 때문에 오만해져서 착한 상대방을 과소평가하는 경향이 있다(그 못된 인물들은 이 책을 읽지 않았으므로 "친절한 사람들은 나약하다."라는 것이 잘못된 고정 관념임을 알지 못했다). 그들은 운명의 한 방만 날리면 승리할 수 있는 순간에도 자신의 사연에 빠져 넋두리를 늘어놓다가 영웅에게 힘난한 상황을 빠져 나갈 기회를 주고 만다. 결국 최종 승리를 거머쥐는 쪽은 대부분 영웅이다.

철학자 샤를 페팽Charles Pépin은 자신감이란 내가 타인과 어떤 관계를 맺었는가와 밀접한 연관이 있다고 강조했다. 자신감이 있다는 것은 타인과 삶을 믿는다는 것이다.[3] 우리는 두려움을 없애면서가 아니라 두려움과 함께 행동하고 살아가는 법을 배우면서 자신감을 키운다. 또 우리의 나약함을 받아들이면서 개성을 과감하게 표현한다.

캘리포니아 대학교 심리학 교수인 소냐 류보머스키Sonja Lyubomirsky

는 친절이 자존감에 긍정적인 영향을 준다는 것을 보여 주었다. 류보머스키는 학생들을 두 그룹으로 나누고, 한 그룹에만 10주 동안 이타적인 행동(모르는 사람을 위해 문을 잡아 주거나 같이 사는 친구의 설거지를 대신 해 주는 행동 등)을 하라고 했다. 10주 후, 꾸준히 친절한 행동을 했던 학생들은 그렇지 않은 학생들보다 스스로에게 더 좋은 이미지를 느끼고 있었다.[4] 선행의 동기가 자의든 타의든 긍정적인 결과가 나왔다는 점은 인상적이고 주목할 만하다. 물론 '마음에서 우러나오는' 친절이 가장 좋겠지만 말이다.

자신감을 갖는 자신만의 방법을 찾아보자

그렇다. 여러분은 친절하면서도 자신감을 가질 수 있지만, 자신만의 방법을 찾을 필요가 있다.

중요한 것은 의견을 말할 기회가 있을 때마다 열변을 토하거나 이기는 것이 아니라, 주위 사람들과 긍정적인 인간관계를 유지하는 것이다.

이를 두고 자신감이 부족한 신호라고 보는 사람들이 있다면 잘못되었음을 깨우쳐 주자. 자신의 가치관에 맞는 방향에 커서를 두고 자신과 타인을 모두 존중할 수 있는 이유도 자신감이 많기 때문이다.

이런 사람은 성급한 판단을 내리지 않고 이로운 비판을 할 수 있으므로 더 좋은 조언을 줄 수 있다. 친절하게 스스로를 표현하는 방식은 자신의 의견과 생각에 무게를 실어 준다.

만일 자신감이 부족한 사람이라면 진정한 친절을 표현하기 위해 반드시 진심을 담아야 한다는 점부터 깨닫자. 다른 사람의 마음에 들지 않을까 봐 과감히 행동에 나서지 않고 자신을 표현하지 못한다면, 주위 사람들과 긍정적인 상호작용을 할 수 있는 수많은 기회를 스스로 박탈하는 것이다.

한편 자신감을 키우고 스스로를 더 표현하기로 결심하더라도 타인의 시선이라는 장애물이 앞을 가로막을 수 있다. 어떤 사람들은 자신감을 자만심이나 야심으로 여길 수도 있으므로, 이때 큰 상처를 받을 수도 있다.

욕심이 많은 것 같은데

내가 막 30대에 접어들 무렵이었다. 어느 날 상사의 사무실로 불려간 나는 상사가 마치 비밀이라는 듯 말해 주는 이야기를 듣고 당황했다. 그 말을 그대로 옮기면 경영관리팀에서 나를 두고 '욕심이 너무 많은 사람'이라고 생각한다는 것이었다. 정말 이해가 안 갔다. 2년 전 쌍둥이를 낳았던 나는 매주 수요일은 근무를 하지 않았다. 또 당시에 셋째 딸을 임신했을 때여서 육아와 사생활과 회사 생활을 조화롭게 하는 방법을 터득하는 것이 나를 괴롭히던 가장 큰 숙제였다. 아이들과 시간을 보내고 싶었지만 회사 업무도 재밌었기 때문이다.

상사가 말해 준 나의 이미지는 실제 나와 전혀 어울리지 않았기에, 나는 상처를 받았다. 하지만 나를 정말 잘 아는 주위 사람들과 이야기를 나누면서 그 말에 아파하면 안 된다는 것을 깨달았다. 가까운 동료들은 내가 얼마나 착하고 사람들의 말을 잘 들어주고 회사의 이익에 뜨거운 관심을 보이는지 잘 알았다. 사실 나는 좋은 기회가 왔다고 생각하면 자신감을 갖고 자기주장을 하며 자신을 변호했다.

나는 결국 출세주의자처럼 보이는 것도 유리하다는 점을 깨달았다. 상사도 내가 계속해서 동기 부여된 모습을 보이길 바랐기에, 나도 회사가 생각하는 내 이미지가 틀렸다고 말하지 않았다.

이와 동시에 자신감이 거만함으로 받아들여지지 않도록 나의 표현 방식과 내 말이 불러올 파장에 더 주의를 기울이기 시작했다.

델핀

아무리 강조해도 지나치지 않은 점이 있다. 자신감이 있다는 것은 자만하다거나 타인보다 자기 자신을 앞세우는 것과는 관련이 없다. 겸손하면서도 충분히 자신감을 가질 수 있다. 나 자신이 인간으로서 존엄하며 나만의 목표를 달성할 능력이 있다고 확신한다면 스스로 이를 납득하려고 주위 사람들에게 거만하게 굴 필요가 없다. 자신감이 있다면 나를 위한 올바른 태도가 무엇인지, 다시 말해 나의 가치관과 맞는 태도가 무엇인지 발견할 수 있다.

Let's do it

연습 1 — 자존감을 높이자

다양한 영역을 살펴보며 나의 주된 장점을 파악하자.

☐ 대인관계 영역(의사소통, 관계 맺기, 신뢰, 유머 등)
　_____
　_____

☐ 실행 영역(계획, 실천력, 대처 능력 등)
　_____
　_____

☐ 지적 영역(재치, 통찰력, 시야, 체계화 능력 등)
　_____
　_____

☐ 감성 영역(친절, 감정 이입, 감정 조절 등)
　_____
　_____

☐ 신체 영역(체력, 지구력, 강인함 등)

_____

_____

☐ 인간적인 영역(배려심, 겸손함, 자신감, 적응력 등)

_____

_____

추가로 해 보기

자신의 강점이나 자질을 파악하기 힘들어 하는 사람들이 종종 있다. 스스로 그런 경향이 있다면, 주위 사람들(가족, 친구, 동료)에게 도움을 청하자. 그들은 분명히 나의 여러 가지 장점을 알려 줄 수 있을 것이다.

연습 2 — 자신감을 키우자

앞서 작성한 장점 목록을 보고 이 장점들이 유용했던 상황을 떠올려 보자. 성공한 경험을 집중적으로 떠올린다면 앞으로 성공의 기반을 다질 수 있다.

세 번째 틀 깨기

친절한 사람들은
항상 행복한 미소를 짓는다

감정은 몸짓 언어를 통해 표현된다. 이면에 다른 속셈이 없다면, 미소는 긍정적인 감정 표현이자 친절을 나타내는 방법이다.

행복하면 입가에 미소를 머금게 되고 좋은 감정이 벅차올라 주위 사람들에게 잘해 주고 싶다는 마음이 든다. 이웃, 친구들, 가까운 지인들, 잘 모르는 사람들에게도 미소를 짓게 된다.

미소는 친절을 전달하는 매개체일까?

누구나 아주 어렸을 때부터 미소를 짓는다는 사실을 기억하자. 미소는 어릴 때부터 사용하는 만국 공통의 선천적 언어다. 신생아는 생후 5주 무렵부터 미소를 짓는데 이를 '천사들에게 보내는 미소'라고 한다. 완전히 무의식적인 미소로 행복하다는 감정만을 표현한다.

처음으로 사회적 미소를 짓는 시기는 생후 2개월 이후다. 이 미소는 '미소-반응'이라고 불리는데 아기는 부모가 미소를 지으면 따라서 미소를 지으며, 이는 아기가 기쁨을 느낀다는 뜻으로 풀이된다. 이 미소는 관계를 맺고 사랑하고 감정 이입을 하기 위한 정서적 상호작용의 표현이다. 간단히 말해 친절의 진심어린 표현인 것이다.

아이가 성장함에 따라 미소의 역할은 강화되어 교류와 상호작용의 수단이 된다. 샌디에이고 캘리포니아 대학교의 연구진은 대학생을 대상으로 한 실험에서 로봇 공학을 활용하여 학생들에게 로봇 아기의 부모 역할을 맡겼다. 연구진은 부모라고 가정한 대학생들이 로봇 아기의 미소에 예외 없이 저절로 반응하는 것을 보았다. 그리고 아기가 미소 짓는 것은 자신을 돌봐 주는 사람도 함께 미소를 지으며 반응해 주길 바라기 때문이라고 결론 내렸다.[5] 미소는 이처럼 몸으로 하는 소통이다.

미국의 작가 윌리엄 아서 워드William Arthur Ward가 강조한 것처럼 "미소는 친절의 만국 공통어다." 하지만 문화와 상황에 따라 미소의 의미가 다른 경우도 있다.

프랑스 같은 일부 사회에서는 미소를 타인에게 다가가는 것이자 지적인 요소라고 여긴다. 특히 독일, 중국, 스위스나 말레이시아에서는 미소 짓는 사람들을 굳은 표정의 사람들보다 똑똑하다고 생각한다.[6] 반면에 생각이 단순하거나 악의가 있다고 여기는 사회도 있다. 예를 들어 일본인, 인도인, 러시아인들은 미소를 지능이 가장 낮은 상태와 같다고 본다.

미소의 의미가 프랑스와 다른 문화권도 있다.[7] 노르웨이에서 모르는 사람에게 미소를 지었다가는 미친 사람 취급을 받는다. 일본에서는 사랑하는 사람을 잃었다는 사실을 알릴 때 미소를 짓는다. 이는 타인에게 '당신까지 나의 고통을 짊어져서는 안 된다'는 뜻을 담은 것이다.

미소는 다른 것을 감출 수 있다

우리는 만족할 때, 감동받을 때, 좋은 일이 생길 때, 자신만만할 때, 유혹할 때 미소를 짓는다. 하지만 안 좋은 일을 감추거나 상대방에게 깊은 인상을 남기려고 할 때, 또는 사회적 약속에 따라 미소를 짓기도 한다.

자연스럽고 진심어린 미소를 지을 때도 있지만 상황 때문에 어쩔 수 없이 미소를 짓기도 하고 심지어 철저히 위선적이고 냉소적이거나 비웃는 미소를 지을 때도 있다.

어린아이의 행복한 미소와, 미소 짓는 광대로 변장한 조커의 사악하고 빈정대는 미소 사이에서 옥석을 가려 보자.

1862년 과학자 기욤 뒤센 드 불로뉴Guillaume Duchenne de Boulogne

는 진심을 담은 자연스러운 미소를 지으면 가짜 미소를 지을 때와 달리 입 근육(큰광대근, 교근 등)과 눈 주변 근육(눈썹주름근, 눈둘레근)이 많이 움직인다는 점을 밝혀냈다.

인지 심리학자이자 신경 생물학 박사이며 《당신의 행동이 당신을 말해 줄 때 Quand vos gestes parlent pour vous》의 저자인 세바스티앙 볼레 Sébastien Bohler가 전한 실험에서는 여성들에게 미소를 지으라는 주문에 따라 미소를 지어 보라고 했다. 연구진은 진실한 미소보다 억지 미소가 더 일시적이며 기계적임을 알아냈다.

친절과 마찬가지로 미소에도 진정성이 담겨야 한다. 계속 억지 미소를 지으면 이른바 '승무원 증후군'을 유발한다. 고객을 대면하는 직원들에게 끊임없이 미소를 지으라고 요구하는 직업들이 있다. 디터 찹프 Dieter Zapf 교수[8]는 승무원, 서빙 직원, 콜센터 상담원 같은 직업군에서 스트레스, 성격 장애, 우울증 또는 업무 의욕 상실과 같은 문제가 악화될 위험이 더 높다고 했다. 이 설명을 보충하기 위해 노동부 장관[9]의 말을 덧붙이자면 감정을 숨겨야 하거나 기분이 좋아 보이려는 행동은 사회 심리학적인 위험을 측정하는 지표가 된다고 한다. "감정 노동은 서비스 관계에서 많이 볼 수 있는데 직원은 솔직한 감정만이 아니라 자신의 일로 혜택을 보는 고객의 감정도 통제하거나 조절해야 한다. 승객이나 환자를 안심시키려고 늘 차분해야 하는 승무원이나 간호사, 또는 농담을 하면서도 손님들이 선을 넘지 않도록 조심해야 하는 술집 종업원이 가장 대표적인 사례다."

여기서 알아야 할 점은 꾸며낸 감정(미소를 통해 표현하는 즐거움, 기쁨, 공감)과 실제 감정(화, 짜증) 사이에 균형이 깨질 때 부정적인 영향이 나타난다는 점이다. 하지만 우리의 경험상 이 연구는 상대적으로 적용할 수 있다. 처음에는 조금이라도 억지 미소를 지었던 종업원이라도 손님과 관계를 유지하면서 행복을 느끼고 기쁜 마음으로 일하는 경우도 있기 때문이다. 이들은 고객이 입가에 미소를 띠면 보상을 받았다고 여긴다.

여러분이 '나쁜 감정'을 숨기려고 미소를 지었다면 이 책을 처음부터 다시 읽길 권한다. 반대로 정말로 친절에서 우러나온 미소를 지었다면 거기에서 오는 이익은 10배로 불어날 것이다.

이 책이 베스트셀러가 되지 못한다 해도 상관없다. 여러분이 미소를 짓는다면 분명 이득이라는 점은 변하지 않는다!

그렇다고 경련이 날 때까지 걸핏하면 광대뼈를 움직이거나 진심 어린 미소를 짓는다는 인상을 주려고 눈가를 주름지게 만드는 것은 적절하지 않다. 대신 한 가지는 분명하다. 의무적으로 계속 미소를 지어야 한다는 생각을 버린다면 스스로에게는 물론 주위 사람들에게 더 긍정적일 것이다.

의식적으로 미소를 지어 보자

우리는 이 책에서 사실과 연구 내용을 전하려는 거지, 이래라저

래라 지시를 내리려는 것이 아니다. 독자들이 직접 좋다고 여기는 방향으로 자유롭게 친절의 커서를 맞추도록 돕기 위해서다.

하지만 이 장에서만큼은 다르게 해 보기로 결심했다(모든 규칙에는 합당한 예외가 있으니까 말이다). 우리는 여러분에게 좋은 기분을 느낀 순간이 오면 그 즉시 의식적으로 미소를 지으라고 권한다. 처음에는 자연스럽지 않다고 생각할 수 있지만, 이 생각은 머지않아 사라진다. 새로운 태도가 가져오는 긍정적인 효과를 느낄 때쯤이면 벌써 익숙해져 있기 때문이다.

미소에는 여러 의미가 있으므로 미소를 지으면 친절한 행동을 하는 것과 같다.

- 미소는 응원의 행동이다. 어려운 일이 있을 때 연민의 미소는 격려의 의미로 받아들여지며 긴 대화를 나누는 것보다 더 도움이 된다.
- 상대방의 미소를 보고 위안을 받는다. 호의적인 미소는 이 미소가 절실했던 사람에게 일확천금 이상의 가치가 있다.
- 다른 사람 모르게 특별한 일을 꾸미는 순간은 항상 미소로 마무리된다.

진정한 미소를 지으려면 어렸을 때 배웠을지 모를 인상 쓰는 습관을 고쳐야 한다. 대부분은 모르는 사람에게 말을 걸지 말고 낯선 사람을 경계하라고 배웠을 것이다. 낯선 사람에게 미소를 짓는 것은 생각할 수도 없었다. 학교에서 선생님에게 유달리 친절하고 상냥히 굴었다가는 "잘 보이려고 한다."라는 말을 들었을 수 있다. 다른 아이들에게 인정받으려면 약한 친구가 있어도 도와주겠다는 미소를 보내기보다 놀리는 편이 더 나았다. 미소도 친절처럼 약점이나 어리석음으로 여겨질 만큼 우리 사회에서 미소의 가치는 폄하되었다. "그 여자는 정말 착해! 다른 사람에게 미소 짓는 것 좀 보라고." 순진한 사람이 되지 않으려면 냉소적인 사람임을 드러내며 근엄한 표정을 짓는 것이 더 나았다.

하지만 이제 이 모든 고정 관념과 작별할 시간이다.

달라이 라마는 "진실한 미소는 우리 안에 본질적인 무언가를 건드린다. 그것은 선함을 향한 우리 안에 내재된 감수성이다"라고 했다.

미소는 전이되므로 타인에게 미소를 보내면 이 감수성을 떠오르게 하는 것이다.

상대방의 표정을 무의식중에 따라하면 타인의 감정을 느끼고 해석할 수 있다는 점은 과학으로도 증명되었다.[10] 미소를 지을 때 나타나는 순수한 감정 이입은 주위에 긍정적인 감정을 퍼트리고 친절을 표현하는 수단이 된다. 그러므로 마주치는 사람들에게 미소를 짓지 않을 이유는 없다. 식당 주인, 대중교통에서 마주친 낯선 사람 또는 편의점 점원, 모두가 여러분의 긍정적인 감정을 공유하고 그들 역시 이 감정을 퍼트릴 자격이 있다.

끝으로 "미소는 눈썹을 찌푸리는 것보다 더 효과적이다."라는 미국 격언을 떠올리자. 메시지를 전하고 싶든 무언가를 얻고 싶든 아니면 누군가를 돕고 싶든 열린 마음을 담은 다정한 태도는 무뚝뚝한 태도보다 효과가 좋을 것이다.

Let's do it

미소 짓기 연습

　최소한 하루에 한 번은 모르는 사람에게 미소를 짓자. 나의 미소가 어떤 반응을 불러왔는지 상관없이(또는 반응이 없어도 개의치 말고) 스스로 어떤 기분이었는지 느껴 보는 시간을 갖자.

　새로운 습관에 익숙해지도록 적어도 21일 동안 꾸준히 연습해 보자. 신경 과학에서 증명한 바에 따르면 뉴런들이 새로 연결되려면 이만큼의 기간이 필요하다고 한다. 이렇게 3주가 지나면 새로운 자동 체계가 생겨서 더는 의식적으로 노력하지 않아도 된다. 21일을 잘 보낼 수 있도록 미소를 지은 후 아래 제시된 칸에 적거나 노트나 전자 기기에 표를 만들어 적어 보자.

1일　　☐　누구에게 미소를 지었나요?

_____

_____

　　　　　☐　어떤 기분이 들었나요?

_____

_____

2일

☐ 누구에게 미소를 지었나요?
_____
_____

☐ 어떤 기분이 들었나요?
_____
_____

3일

☐ 누구에게 미소를 지었나요?
_____
_____

☐ 어떤 기분이 들었나요?
_____
_____

4일

☐ 누구에게 미소를 지었나요?
_____
_____

☐ 어떤 기분이 들었나요?
_____
_____

5일

☐ 누구에게 미소를 지었나요?
_____
_____

☐ 어떤 기분이 들었나요?
_____
_____

6일

☐ 누구에게 미소를 지었나요?
_____
_____

☐ 어떤 기분이 들었나요?
_____
_____

7일

☐ 누구에게 미소를 지었나요?
_____
_____

☐ 어떤 기분이 들었나요?
_____
_____

친절한 사람들은 항상 행복한 미소를 짓는다

8일

☐ 누구에게 미소를 지었나요?
_____
_____

☐ 어떤 기분이 들었나요?
_____
_____

9일

☐ 누구에게 미소를 지었나요?
_____
_____

☐ 어떤 기분이 들었나요?
_____
_____

10일

☐ 누구에게 미소를 지었나요?
_____
_____

☐ 어떤 기분이 들었나요?
_____
_____

11일
- ☐ 누구에게 미소를 지었나요?
  _____
  _____

- ☐ 어떤 기분이 들었나요?
  _____
  _____

12일
- ☐ 누구에게 미소를 지었나요?
  _____
  _____

- ☐ 어떤 기분이 들었나요?
  _____
  _____

13일
- ☐ 누구에게 미소를 지었나요?
  _____
  _____

- ☐ 어떤 기분이 들었나요?
  _____
  _____

친절한 사람들은 항상 행복한 미소를 짓는다

14일

☐ 누구에게 미소를 지었나요?
_____
_____

☐ 어떤 기분이 들었나요?
_____
_____

15일

☐ 누구에게 미소를 지었나요?
_____
_____

☐ 어떤 기분이 들었나요?
_____
_____

16일

☐ 누구에게 미소를 지었나요?
_____
_____

☐ 어떤 기분이 들었나요?
_____
_____

17일

☐ 누구에게 미소를 지었나요?
_____
_____

☐ 어떤 기분이 들었나요?
_____
_____

18일

☐ 누구에게 미소를 지었나요?
_____
_____

☐ 어떤 기분이 들었나요?
_____
_____

19일

☐ 누구에게 미소를 지었나요?
_____
_____

☐ 어떤 기분이 들었나요?
_____
_____

친절한 사람들은 항상 행복한 미소를 짓는다

20일

☐ 누구에게 미소를 지었나요?
_____
_____

☐ 어떤 기분이 들었나요?
_____
_____

21일

☐ 누구에게 미소를 지었나요?
_____
_____

☐ 어떤 기분이 들었나요?
_____
_____

네 번째 틀 깨기

친절한 사람들은
겉모습만 봐도 티가 난다

"친절한 사람들은 겉모습만 봐도 티가 난다."라는 생각은 널리 퍼져 있다. 이를 보여 주는 예시가 필요하다면, "그 사람은 정말 착해서 표정에 다 드러나."라는 말을 얼마나 많이 들어 왔는지 기억을 더듬어 보자.

하지만 정말일까? 우리는 친절한 사람들을 첫눈에 알아볼 수 있을까?

사람들이 상상하는 친절한 모습

어렸을 때 읽었던 동화에서는 친절을 주로 아름다움과 접목한다. 친절하고 예쁜 요정이나 공주를 못생긴 마녀나 질투심 많은 여왕과 대립시키면서 신체적인 겉모습만으로 착한 사람과 못된 사람을 가려낼 수 있다는 생각을 심어 준다.

동화 《신데렐라》를 예로 들어 보자. 주인공의 아버지는 거만하고 비열한 여성과 재혼한다. 그 여성은 금세 신데렐라를 함부로 대하는 계모가 되었고, 그 여성의 두 딸들은 신데렐라의 아름다움과 착한 마음씨를 질투하여 온갖 힘든 일을 떠맡긴다. 어느 날 궁전에서 성대한 무도회가 열리고 신데렐라의 대모인 요정은 신데렐라를 아름답게 꾸며 준다. 그리고 그 모습이 자정에 12번 종이 울릴 때까지 유지된다고 알려 준다. 신데렐라는 행복한 시간을 보내며 지금이 몇 시인지 잊는다. 그러다가 자정 종이 울리는 소리에 대모의 말을 듣지 않은 것이 걱정되어 도망치듯 궁전을 나오다가 유리 구두 한 짝을 떨어뜨린다.

이 동화에서 '신데렐라'라는 인물이 보이는 친절이 아름다움과 일맥상통하며 악의적이고 못된 행동은 못생긴 의붓자매들로 대변된다.

기억을 한참 더듬지 않아도 동화 속에서 정말 못생겼지만 친절한 인물을 떠올리기란 쉽지 않다(《미녀와 야수》의 주인공인 야수도 사실은 저주에 걸린 잘생긴 왕자다). 하지만 현실에서는 그런 사람들을 자주 마주친다.

안데르센, 페로 또는 그림 형제의 명작에서 친절의 표본은 하나같이 젊고 다정하고 연약한 여성이다. 동화에는 젊음지상주의, 성차별주의, 그 밖의 다른 고정 관념들이 넘쳐나서 동화를 읽거나 들은 사람들은 자신도 모르는 사이에 그렇게 생각하는 어른으로 자란다.

친절에 대한 이 관념은 집단적인 무의식 속에 강하게 박혀 있으므로 어른이 되어도 그대로 남는다. 친절한 사람은 행복한 미소를 지으며, 눈빛은 따뜻하고, 목소리는 부드럽고 다정할 것이라고 상상한다. 외모에 대한 결정적인 고정 관념에 따라 친절을 알아볼 수 있다고 생각하는 것이다.

사람들이 친절을 온몸으로 느낀다는 사실을 부정하는 것은 아니다. 왜 첫눈에 친절한 사람을 알아볼 수 있다고 생각하는지 그 이유도 알 수 없다. 하지만 외모를 집중해서 보자면 주걱턱이라고 해서 친절하다든가 못됐다는 뜻은 아니며 친절한 사람들의 외모에도 공통점은 없음을 금방 알게 된다.

주위의 착한 여성들을 대상으로 진행한 과학 연구에 따르면 "못생겼지만 친절한 사람도 분명히 있으며" 심지어 "못생긴 남자일수록 마치 무언가 잘못을 저지른 것처럼 가장 친절하다."라고 한다. 물론 이 말을 장담할 수 없지만 연구 결과의 신뢰성까지 문제 삼을 수는 없을 것이다(실험 표본은 통계상 유효해 보이지는 않지만 말이다).

못된 사람도 가끔 착한 사람의 탈을 쓴다

친절한 얼굴 뒤에 다른 모습이 감춰져 있을 수 있다

정부는 부모들에게 유괴의 위험성에 대해 아이들의 경각심을 일깨우라고 권장했다. 나는 우리 아이들에게 만일 모르는 어른이 같이 가자고 한다면 어떻게 해야 하는지 이야기해 보기로 했다. 아이들은 듣기 좋은 말에 넘어가거나 같이 가자는 어른을 무작정 따라가면 안 된다는 것을 충분히 이해하고 있었다. 하지만 계속 대화를 하다 보니(나는 역할극까지 하며 악한 행동을 밀어붙였다. 사람은 친절하면서도 못될 수 있다) 우리 아이들도 친절해 보이는 사람이 있으면 그의 감언이설에 넘어갈 수도 있다는 것을 알고 겁이 났다. 문제는 이것이었다. 어린이든 어른이든 외모에 큰 영향을 받는다. '못된 사람의 탈을 쓴' 친절한 사람 앞에서는 겁을 먹지만, 겉으로 봤을 때 친절해 보이는 사람은 자연스럽게 신뢰하는 것이다.

오렐리

이 현상은 실생활은 물론 직장 생활에서 더 심하다. 친절한 외모 뒤로 위선적이고 계산적이며 몰래 한 방을 날리려는 모습을 감춘 경우도 있기 때문이다.

회사에서 지나치게 친절한 행동(헌신, 입에 발린 말, 지나친 정중함 등)

을 하는 사람이 있다면 신중하게 접근하는 것이 좋다. 이 행동은 다음과 같이 해석될 수 있다.

- 인정받고 싶다는 욕구가 강하다. 상사에게 아첨하는 행동은 사심 없는 친절한 행동이 아니라 자아를 표출하는 행위다. 그러나 이는 오히려 왕정 시대 임금에게 아부하는 아첨꾼을 떠올리게 하는 정치적인 행동으로 전혀 도움이 되지 않는다.
- 무언가 숨기고 있다. 호의적이고 헌신적으로 보이려고 지나치게 친절한 행동을 하는 사람은 분명히 숨기는 것이 있다. 그는 무엇을 자책하고 있을까?
- 회피하고 있다. 이것은 갈등과 분쟁을 피하겠다는 목적이 있을 때만 나오는 행동이다. 우리는 자연스럽게 거울 효과에 따라 행동한다. 누군가 친절을 베풀면 우리도 그에게 친절을 베푼다. '아주 친절한' 사람을 무뚝뚝하게 대하기란 어렵기 때문이다. 잘못을 용서하는 능력이 중요하듯이 좋은 씨앗과 가라지를 구분하는 능력도 중요하다.
- 사랑받지 못할까 봐 두렵다. 무언가를 애원하는 듯한 친절은 건강한 관계의 토대를 놓지 못한다. 좋은 평판을 들으려고 아첨한다면 자신의 진짜 모습을 보여 줄 수 없다. 사람들을 유혹하려고 자신의 본모습을 숨기다가는 장기적으로도 균형 잡힌 사회관계를 가질 수 없다.

안타깝지만 가끔은 이런 행동들이 권장되는 경우도 있다.

지나치게 친절한 늑대

26살인 폴은 입사한 지 몇 년 만에 생산 공장을 책임지는 자리를 맡게 되었다. 업무에 대한 열의가 뜨거웠던 폴은 좋은 관리자의 역량을 갖추었음을 증명해야 한다고 느꼈고, 공정과 성과를 개선하기 위하여 물불을 가리지 않고 일했다. 자신의 성공을 공유하는 편이었던 폴은 서슴없이 자신이 거둔 '경제적 성과'를 말하고 다녔다. 하지만 폴은 자신보다 나이가 많은 직원들에게 호의를 얻지 못했으며 오히려 질투심만 자극했다. 연례 면담 때 상사는 폴에게 "늑대의 얼굴을 할 때는 토끼의 귀를 쫑긋 세워야 한다."라고만 말했다.

늑대의 영혼도, 토끼의 영혼도 느끼지 않았던 폴은 처음 이 조언을 듣고 어리둥절했다. 이 조언에 대한 해석은 분분하겠지만 여기에는 흥미로운 근거가 있다. 폴은 본래 이미지가 아니라 출세지상주의자 같은 이미지를 풍겼다. 좋은 의도를 갖고 자신이 바라는 이미지로 변화하려고 노력한 점은 칭찬할 만하다. 그러나 사다리의 더 높은 자리로 올라가려고 자신의 모습을 왜곡한 점은 폴과 회사 모두에게 도움이 되지 못했다.

못돼 보이는 외모에도 가끔 다른 모습이 감춰져 있다

무뚝뚝한 기질 뒤에 따뜻한 마음이 감춰져 있기도 하다. 친절한 사람들이 가끔 엄격하고 냉정하며 못되게 구는 것은 지나친 예민함을 감추고 좌절의 위험에서 스스로를 보호하기 위해서다.

미국 드라마 〈하우스House〉에 나오는 하우스 박사는 친절을 약점이라고 생각하는 사람들이 친절한 성향을 숨기려고 어떤 방법을 사용하는지 잘 보여 준다. 하우스 박사는 선동적이고, 다른 이에게 상처를 주고, 도움을 청하는 사람들을 아프게 하며, 비열해 보이기까지 한다. 그러나 자신의 보호막을 내렸을 때는 사람들의 목숨을 구하려고 노력을 아끼지 않으며 놀라울 만큼 친절하다.

우리 모두가 하우스 박사 같지는 않겠지만 우리도 모르는 사이에 누군가에게 못된 사람으로 인식될 수도 있다.

"보통 스스로를 친절하다고 생각하나요?"라는 질문에 응답자의 96%가 긍정적으로 대답했다("매우 그렇다" 또는 "상당히 그렇다").[11] 하지만 우리는 주위에 호의적이고 감정 이입을 하며 친근한 사람들이 있다는 느낌을 많이 받지 못한다. 이유는 간단하다. 자신의 행동이 사람들에게 뜻하지 않은 피해를 끼쳤음을 인식하지 못하기 때문이다.

내면에 잠들어 있던 사냥개

어느 토요일 아침, 에글랑틴은 처음으로 노래 수업을 들으러 갔다. 모르는 동네로 운전을 해야 했기 때문에 약간 긴장이 되었다.

같이 살던 친구의 차를 운전하고 가던 에글랑틴은 정면에서 햇빛이 비추자 더 조심했다. 교차로에 다다르자 아무것도 보이지 않아서 천천히 차를 몰았다. 그러자 한 노신사가 멈춰 서더니 한마디 했고 실수를 깨달은 에글랑틴은 사과했다. 하지만 노신사가 너무 공격적이어서 에글랑틴은 피가 거꾸로 솟는 것 같았고 보란 듯이 자신도 방어적이면서 공격적인 자세를 취했다. 에글랑틴의 친절함은 내면에 잠자던 사냥개에게 자리를 내주었다. 노신사의 기억에는 에글랑틴의 사냥개 같은 모습만 남았을 것이다.

여러분은 이 사례에서 친절한 사람과 못된 사람, 또는 못된 사람과 친절한 사람, 또는 못된 사람 2명이 있다고 해석할 것이다. 에글랑틴의 입장에서 보면 자신을 방어한 것밖에 없다. 노신사의 입장에서 보면 젊은 여성이 의도치 않게 위험한 상황을 만들었기에 걱정스러운 나머지 한마디 하고 싶었을 뿐이다. 오히려 잘못한 쪽은 에글랑틴인데 왜 그렇게 공격적인지 이해가 안 된다. 두 사람 모두 상대방에게 나쁜 사람이 되었지만 자신들 스스로는 친절해서 피해를 보았다고 느낀다.

친절한 사람을 알아보는 기적의 방법은 없으며 겉모습이 틀릴 때도 많다. 친절한 사람을 분간할 수 있는 방법은 많지 않다. 상대방의 겉모습이 아니라 직감을 따라야 하며 그 사람이 누구든 어떤 틀에 집어넣기 전에 그가 왜 그렇게 행동했을지 상황을 조심스럽게 살펴보아야 한다.

친절함을 인정하고 보여 주자

평소 친절하다고 여겨지는 사람이 갑자기 나쁜 행동을 하면 어떤 사람들은 그가 스스로를 방어한다고 여기고 "사실은 착한 사람이야."라고 말하며 그의 행동을 감싸 주려고 한다. 하지만 조심하자. 무엇보다 예민함과 친절함을 혼동하면 안 된다. 친절한 사람치고 친절한 행동을 전혀 하지 않는 사람은 없다. 그런 사람은 존재하지 않는다는 점을 알아 두자. 잠재력이 뛰어나도 활용하지 않으면 소용없다. 한 번도 친절한 행동을 하지 않는 사람은 친절한 것이 아니며, 친절한 사람이라고 해도 그 누구에게도 도움을 주지 않는다면 역시 소용없다. 그런 사람은 하루 빨리 행동 방식을 바꾸어야 한다.

하지만 순진해서인지 서툴러서인지 착한 행동을 해도 속마음과 겉모습이 달라 보이는 사람들도 있다.

사랑한다고 겉으로 표현하자

　제랄드는 사랑하는 아들을 위해 수도 없이 친절한 행동을 한다고 생각하지만 그 사랑을 제대로 표현하지 못한다. 지난번에는 아들의 차 수리를 도와주러 갔다가 너 때문에 시간을 얼마나 뺏겼는지 아느냐며 여러 차례 야단을 치고 말았다.
　제랄드는 아내에게도, 사랑하는 모든 사람에게도 이렇게 행동한다. 그들을 도와주고 친절한 행동을 하면서도 질책과 불만과 나쁜 기분을 표현해서 자신의 행동을 스스로 망친다.

　이 사례를 보면 사람들이 제랄드가 한 친절한 행동을 중요하게 받아들이고 고마워해야 한다는 생각이 든다. 하지만 제랄드는 역효과만 불러온다. 앞으로도 사람들은 그에게 도움을 청하지 않을 것이다.
　우리는 친절한 행동에 대한 보답으로 긍정적인 반응을 받으면 기뻐한다. 하지만 서투르게 보답을 구걸한다면 아무 소용이 없다. 진심을 담아 친절을 표현하고 '보답을 바라지 않는다면' 훨씬 더 많은 것을 얻게 된다.
　친절한 사람이지만 하우스 박사처럼 갑옷을 입고 있다면 이를 벗어 버리고 자신의 기질을 받아들이자. 그러면 모두에게 도움이 된다. 위험을 떠안거나 '지나치게 친절'해지자는 것이 아니라 의식적으로 친절한 행동을 더 잘하자는 것이다.

- 누군가에게 친절을 베풀면 그 사람이 다른 사람(또는 나)에게 친절을 돌려주고 그렇게 서로에게 하다 보면 친절이 돌고 돌아 사회에 긍정적인 영향을 미친다.
- 친절한 행동을 하면 자신의 가치관에 부합되기도 하고 스스로 자부심을 느끼므로 자기 자신에게도 도움이 된다.

Let's do it

자신이 한 친절한 행동을 긍정적인 말로 표현해 보자. 이렇게 하면서 스스로 행동의 가치를 높여 보는 것이다.

☐ 예시
주말 늦잠은 매주의 기쁨이지만 토요일 아침 8시에 이사를 가는 친구가 있어 일찍 일어나 돕기로 했다. 주말에 이렇게 일어난다는 것이 얼마나 큰 노력을 요하는지 친구에게 귀가 따갑도록 말하지 말고 일찍 일어나게 된 이유를 떠올린 뒤에 이렇게 표현해 보자. "나 저녁형 인간인 거 알지? 그래도 너를 도울 수 있어서 기뻐."

추가로 해 보기
누가 고맙다고 할 때 "아무것도 아니에요."라는 표현은 되도록 쓰지 말자. "별말씀을요."나 "그런 말을 들으니 기분 좋네요."라는 표현으로 대체해 보는 연습을 자주 해 보자.

다섯 번째 틀 깨기

친절한 사람들은 절대로 못되게 굴지 않는다

못됨과 친절은 서로 상반될까?

이 질문에 답하려면 '못됨'이라는 말을 어떻게 이해하는지 명확히 정의하는 것이 중요하다.

사전의 정의를 참고하면 못됐다는 것은 "고의적으로 사람들을 나쁘게 대하고 더 흔히는 공개적으로 또는 공격적으로 이런 행동을 하는 것"이다. 못된 행동이 친절과 어깨를 나란히 할 수 있다고 상상하기는 어렵다. 두 개념은 확실히 상반되었다.

누가 나쁜 행동을 반복한다면 "그 사람 나름대로 스스로를 지키는 방식이야. 아주 예민한 사람이거든."이라거나 "사실 정말 착한 사람인데 표현 방법을 모르는 거야."라고 변명해 주기는 어렵다. 정말 그런 경우라고 해도 비웃음만 살 뿐이다. 그 사람이 뼛속까지 친절한 사람인지 아닌지 논쟁을 벌여도 부질없다. 핵심은 다른 사람들도 그의 행동 하나만 보면 그가 어떤 사람인지 알 수 있다는 것이다.

하지만 어떤 경우에는 친절한 사람의 행동이 마음에 들지 않는다고 부당하게 그를 못됐다고 평가하는 일도 있다. 이번 장에서는 정말 못된 행동과, 못된 사람이라고 잘못 판단받을 수 있는 단발적인 행동을 살펴보겠다.

친절한 사람도 쓴소리를 할 수 있다

듣기 싫은 말을 들었을 때 "아, 그 사람 정말 못됐네!"라고 말한 경험은 누구나 있을 것이다. 웃으면서 그렇게 말할 때도 있지만, 정말 상처를 받아 못된 사람에게 피해를 당했다는 감정을 여실히 느낄 때도 있다.

앞에서 살펴본 말을 떠올려 보자. 못됐다는 것은 '고의로' 상처를 주는 것이지 무심결에, 서툴러서 또는 어쩔 수 없이 상처를 주는 것이 아니다. 그 사람은 하기 어렵지만 꼭 해야 할 말을 했을 수도 있다.

앞으로 계속 살펴보겠지만 친절한 사람들은 남을 아프게 할까 봐 솔직하게 생각을 말하기 어려워한다. 그렇다고 그들이 무조건 자신을 표현하지 못하는 것은 아니다.

친절한 사람은 서툴러서 상처를 줄 수 있다

그 누구에게도 해당되지 않는 말

나는 작은 시골 마을에서 아무 문제없이 학창 시절을 보냈다. 학교 가기를 좋아했고 성적도 우수했다. 파리에 살던 사촌들은 좋은 학교를 다녔지만 성적이 나빠서 매번 유급을 했으며, 졸업 시험이나 대학 입학시험을 준비하기 위해 복습을 하기보다 어떻게 하면 수업을 빠질 수 있을지 궁리했다.

어느 날 엄마가 외삼촌에게 내 학교 성적이 좋다고 자랑하자 외삼촌은 "맹인의 나라에서는 애꾸눈이 왕이지!"라고 대답했다.

당시 나는 13살이었지만 그 말의 뜻을 바로 이해했다. 동네 학교에 다니는 내가 아무리 잘해 봤자 파리의 좋은 학교에 다니는 학생들에 비하면 턱없이 부족하다는 말이었다.

자존심을 상하게 하는 이 말에 나는 상처를 받았고 오랫동안 이 말을 곱씹으며 끊임없이 나 자신을 비하했다. 외삼촌의 입에서 왜 이런 악의적인 말이 나왔을까? 어떻게 친누나와 조카에게 이렇게 못되게 굴 수 있을까?

40대가 된 지금의 나는 그 상황을 다른 관점으로 해석한다. 외삼촌은 엄마가 나를 자랑하면 자신의 딸들이 부족하다는 점이 강조되니 엄마의 말을 상대적으로 표현하고 싶었던 것이다. 외삼촌은 엄마가 한 말이 자신의 딸들을 나쁘게 말하는 말이 되지 않기를 바랐다. 외삼촌은 항상 내게 잘해 주었고 내가 대학생 때는 외삼촌 집에서 지내게까지 해 주었다. 외삼촌은 정말 친절한 사람이었지만 그날은 자신의 말이 사춘기인 내 관점에서 못된 행동으로 보일 수 있음을 깨닫지 못했다.

알렉상드르

알렉상드르의 이야기는 친절한 행동을 하고 싶은 사람도 의도치 않게 피해를 주고 못된 사람으로 여겨질 수 있음을 보여 준다.

친절한 사람도 완벽하지 않으므로 냉정하거나 서투른 표현을 할 수 있다. 상처 줄지 모른다는 두려움 때문에 그 정도가 심해질 수 있으며, 그러면 당황한 나머지 자신이 내뱉은 어설픈 말에 갇혀 버린다. 이 상황을 알아차린다면 돌이키려고 하겠지만 언제나 가능하지는 않다.

지나치게 친절한 사람은 자신의 말이 타인에게 어떤 결과를 초래할지 깨닫지 못한다. 좋은 의도로 한 말이 잘못 해석되어 상처를 줄 수 있다고는 상상도 못한다.

친절한 사람도 듣기 싫어하는 말을 할 수 있다

친절한 사람이 쓴소리를 하는 이유는 당장은 타인에게 부정적인 효과를 줄지 몰라도 길게 보면 더 도움이 된다고 여기기 때문이다.

친절한 사람의 조언은 가벼운 주제나 진지한 주제를 가리지 않는다. 델핀은 나탈리에게 하얀색 새 원피스를 무척 마음에 들어 하는 것은 알겠지만, 그 옷은 검정색 속옷과 함께 회사에 입고 가기에는 너무 비쳐 보인다고 조언했다. 이렇게 말할 수 있는 친구야말로 '진정한 친구'라고 생각했기 때문이다. 자녀 교육에 대한 주제도 예로 들 수 있다. 특히 민감한 주제지만 친절한 방법으로 표현한다면 비판어린 조언도 유용할 수 있다.

친절한 사람은 신중하며, 호의적으로 의견을 표현하려고 고심할 때가 많다. 하지만 말하는 방식에 상관없이 듣기 거북한 말이 있고 그럼에도 듣는 편이 좋은 말도 있다.

친절한 사람도 가끔 냉정하게 굴 수 있다

친절한 사람은 주위 사람들, 특히 사랑하는 사람들의 고통에 더 민감하다.

그러므로 정말 친절한 사람들은 타인의 고통을 마주했을 때 과도하게 감정 이입을 하지 않도록 자신을 위한 보호 체계를 마련해야 한다. 그 방법으로는 눈에 띄게 거리를 두는(무관심하다고 여겨지는) 단순한 것부터 다음 사례가 보여 주듯 갑자기 분노를 표시하는 것까지 다양할 수 있다.

왜 그랬는지 표현하지 않으면

쌍둥이 자매인 엘자와 오로르는 클럽에서 함께 농구를 한다. 어느 날 엘자가 훈련 도중 무릎을 다쳤다. 엘자는 1차 검사에서 십자 인대가 약해졌다는 진단을 받았다. 그 때문에 운동을 중단하고 한 달 동안 물리 치료를 받아야 했고 2차 검사를 받아 수술이 필요한지 상태를 확인하기로 했다. 농구에 열정적이었던 엘자는 이 시기를 힘겹게 보냈다. 농구팀과 계속 연락을 하려고 꾸준히 훈련에 참석하여 무릎에 무리가 가지 않는 동작만 연습했다. 하지만 새로 검사를 받기 며칠 전에 엘자는 유혹을 참지 못하고 운동장을 달리고 말았다. 무릎에 힘이 빠졌다.

절망에 빠져 스스로에게 화가 난 엘자는 최악의 밤을 보냈고 다음 날 도저히 학교에 갈 수 없었다.

주말에 엘자는 오로르에게 금요일에 놓친 수업 내용을 알려 달라고 여러 번 말했지만 오로르는 미룰 만한 핑계가 없을지 궁리했다. 일요일이 끝날 무렵, 결국 일이 터졌다. 엘자는 펑펑 울면서 몸도 마음도 힘든데 오로르는 자신을 위해 어떤 노력도 하지 않는다며 비난했다. 그러자 이번에는 오로르가 눈물을 쏟으며 걱정스러워서 그랬다고 화를 냈다. 사실 오로르는 무모한 위험을 감수한 엘자가 원망스러웠고 앞으로도 건강에 영향을 미칠까 봐 두려웠다.

오로르와 엘자는 마침내 자신의 감정을 표현했고 서로를 더 이해할 수 있었다. 하지만 이렇게 되기까지 쉽지는 않으며 오해 속에 줄곧 머무는 사람들도 있다.

이처럼 친절한 사람도 냉정하게 굴 수 있다. 그들은 반창고를 떼어낼 때 천천히 조금씩 떼어내기보다 한 번에 떼어낼 때가 덜 아프다는 것을 알기 때문이다. 이런 일은 연인과 결별할 때도 생길 수 있다. 친절하던 연인이 갑자기 이별을 통보한다면 허황된 희망을 남기지 않으려는 것일 수도 있다.

친절한 사람도 다른 사람을 놀릴 때가 있다

정말 친절한 사람은 아무 이유 없이 다른 사람들을 냉소적으로 놀리지 않는다. 하지만 호감을 표현하려고 놀리기도 한다. 이 두 가지를 어떻게 구분할까?

간단하다. 악의를 갖고 놀리는 사람은 누군가를 놀리고 싶을 때 그 사람을 놀린다. 반대로 선의를 갖고 놀리는 사람은 누군가를 놀리고 싶을 때, 그 사람을 놀리지만 '친절하게' 놀린다.

흥미로운 부분은 놀림을 당한 사람의 반응이다. 호감이 있어 누군가를 놀리면 당사자는 보통 자신을 놀린 사람과 같이 웃고 싶어 한다.

여기서 이렇게 대꾸하는 사람들의 목소리가 들린다.

"그럴 수도 있겠네요. 하지만 놀림거리가 된 사람이 불편한 기색을 감추려고 웃을 때도 있잖아요."

맞는 말이다.

하지만 그 차이는 일상에서도 느낄 수 있다. 불편함을 감추려고 웃는 사람과 재밌어서 웃는 사람은 태도가 다르다. 누군가를 악의적으로 놀리는 사람들은 결국 그들의 만행을 낱낱이 지적하는 자신감 있는 사람을 마주치게 될 것이다. 단, 사람들의 등 뒤에서 뒷말을 하는 경우는 예외다. 이것은 그가 친절하지도 않고 철저히 위선적인 사람이라는 표시다.

정말 친절한 사람은 괜찮은 사람이라고 생각되는 이들을 놀린다. 이것은 호감을 표현하는 방법이기 때문이다. 누군가를 '잘' 놀리려면 그 사람을 알아야 한다. 그렇지 않으면 재미도 없는 일반적인 '신랄한 말'만 늘어놓을 수밖에 없다. 유머는 관계를 맺어 주는 뛰어난 수단으로 경계를 허물어 줄 때도 있다.

즉 누군가를 놀릴 때는 형식적인 소통 방식을 사용할 때보다 진지한 메시지를 더 쉽게 전달할 수 있다. 단, 이러한 표현 방식을 남발하지 않도록 주의해야 한다. 모든 말을 유머로 표현하면 주위 상황을 제대로 파악하기 어려우며 메시지도 더 이상 진지하게 받아들여지지 않는다.

마지막으로 필리프 부바르Philippe Bouvard가 《1001가지 생각Mille et une pensées》에서 한 말을 기쁜 마음으로 이 책에 인용하고자 한다. "자신의 친절함을 지키고 싶다면 적어도 하루에 한 번은 정말 독설을 내

뱉어야 한다."

완벽한 사람은 아무도 없으며 세상에서 가장 친절한 사람도 때로는 나쁜 말을 흘려보낼 작은 수도꼭지 하나쯤은 필요하다는 점을 잊지 말자.

친절한 사람도 화를 낼 필요가 있다

화는 유용하다. 우선 화는 불만을 나타내는 경고 신호다. 화가 나면 근육이 긴장되거나 심장박동이 빨라지는 신체 증상이 함께 나타나므로 화를 표현하면 긴장도 풀린다(그리고 순간적으로 기분이 좋아지기도 한다).

오늘날 우리는 감정을 부정하면 좋지 않다는 것을 알고 있다. 오랫동안 화를 참기란 정말 어렵다. 화를 곱씹을수록 더 화가 나서 압력밥솥 뚜껑처럼 튀어오를 지경에 이르러서야 과격하고 부적절하게 불만을 쏟아낸다. 가끔은 아무 잘못도 없는 지인들에게까지 그 불똥이 튄다. 부정적인 감정을 표출하지 않고 참는다면 두통이나 궤양, 심지어 우울증 같은 질병을 키우면서 그 대가를 톡톡히 치르게 된다.

친절하지만 정말 무서운 사람

이 상태를 가장 잘 보여 주는 인물은 마블 코믹스에 등장하는 '인크레더블 헐크'라고 불리는 데이비드 배너 박사다. 의사이자 과학자인 그는 화염으로 뒤덮인 차에서 아내를 구하지 못해 갑작스레 아내가 죽자 만신창이가 되었다. 그는 일부 사람들이 과도한 스트레스 상황에서 초인적인 힘을 발휘하는 이유를 이해하려는 연구에 나선 도중에 감마선에 노출되었다. 그때부터 그는 부정적 감정(화, 스트레스, 고통, 두려움 등)에 격하게 휩싸일 때마다 괴력을 지닌 거대한 초록 생명체인 헐크로 변했다. 그러던 중 한 기자가 살인 사건 두 건의 범인으로 헐크를 지목하자 쫓기는 신세가 되어 달아나야 했다. 그는 자신을 치유할 치료법을 찾아 미국 전역을 돌아다니다가, 어려움에 처한 사람을 만나면 그들을 도와주었다.

친절한 사람들은 존중받기 위해서나 내면에 잠자는 '헐크'를 깨우지 않기 위해서라도 건강하게 화를 표현하는 법을 알 필요가 있다. 예를 들어 '상황을 판단하지 않고 주시하기', '어떤 감정인지 표현하기', '욕구를 파악하기', '분명히 요구하기' 등의 '비폭력대화 원칙'을 따라한다면 공격적이지 않게 화를 표현할 수 있다(이 원칙은 나중에 다시 다룰 것이다).

감정을 올바른 방법으로 표현한다고 해도 우리는 완벽하지 않으므로 언제든지 감정에 휩싸일 수 있다. 친절한 사람도 예외가 아니라서 감정 스트레스가 극에 달하면 소리를 지르거나 욕설을 하는 등 공격적인 표현을 하게 된다. 그래도 받아들일 수 있는 마지막 선은 넘으면 안 된다. 아무리 크게 실망했더라도 신체 폭력(정당방위를 제외하고는)을 행사하거나 모욕적인 말을 한다면 타인에게 큰 상처를 주게 된다.

친절한 사람도 못된 사람에게서 자신을 보호할 수 있다

친절한 사람들은 사랑하는 사람들이 공격을 받으면 야생마로 돌변하기도 한다. 이것은 전혀 나쁜 행동이 아니지만 멀리서 봤을 때나 상황을 잘 모르는 사람들은 이를 나쁘게 여길 수 있다. 하지만 나 자신이나 소중한 사람들, 또는 부당하게 공격받는 사람들을 보호하려면 친절한 사람도 불친절한 행동을 하겠다는 마음을 먹어도 된다.

여러분이 친절한 사람이기 때문에 나쁜 행동 앞에서는 나약해진다는 느낌이 들면 다음의 조언에서 도움을 받도록 해 보자.

- 스스로 상황을 통제할 수 있음을 기억하자. 다른 사람들이 어떤 행동을 할지 선택할 수 없지만 내가 어떻게 반응할지 선택할 자유가 있다.

- 상황이 허락한다면 적어도 처음에는 관대하게 보이려고 노력하자. 못된 행동 속에는 상처나 충족되지 않은 욕구가 감춰져 있다. 상대방의 감정을 이해하면 상황을 반전시킬 수 있을지 모른다.
- 나의 감정을 받아들이자. 누군가 나에게 못된 행동을 하면 슬픔, 실망, 억울함, 분노 등을 느낀다. 이 감정들을 침대 밑으로 밀어 넣으면 안 된다(단, 의식적으로 내 안의 '헐크'를 꺼내기로 결심한 경우는 예외). 곧바로 깊게 심호흡을 하고, 스스로를 돌보며 원래 상태로 돌아가자.
- 거슬리는 행동을 하는 사람이 있다면 분명히 말하자. 자신감을 표현하는 몸짓 언어를 전하면서(머리는 꼿꼿이 들고, 가슴은 활짝 펴고, 시선은 앞을 보며), 상대방의 어떤 행동이 거슬리는지 콕 집어 말하고 나의 감정이 어떤지도 말하자. 그리고 그가 대신할 수 있는 행동을 제안하자.
- 그가 아무 말도 들으려 하지 않는다면 가능한 한 거리를 두자. 또 주저하지 말고 주변 사람들에게 도움을 청하자.

또다시 닥칠지 모를 어려움을 피하려면 잘 모르거나 완전히 믿음이 가지 않는 사람에게 내가 얼마나 친절한지 전부 보여 주는 것은 좋지 않다. 단, 내가 어떤 사람인지는 숨기지 말자. 상대방이 누군지에 따라 커서를 다양한 곳에 두면 된다.

무의식적인 빼기

몇 년 전, 직무 변경과 관련하여 360도 다면 평가를 받았다. 전문 코치와 총정리 시간을 가지며 살펴보니 답변자들이 느낀 나의 감정 이입 수준은 사람마다 달랐다. 모두가 내 감정 이입 수준이 충분히 높다고 했지만 그렇게 생각한 편차가 컸다. 내가 내린 자기 평가에서 나는 감정 이입 수준이 매우 높다고 답했지만(코치도 인정했다) 답변자 중 이렇게 평가한 사람은 몇 명 없었다. 처음에는 당황스러웠지만, 코치는 절대 잊지 못할 조언을 해 주었다. "그래도 다행이네요. 모든 사람이 당신의 감정 이입 수준을 알아차린 것은 아니니까요! '자기 자신을 보호하세요!'"

델핀

친절한 사람도 악역을 떠맡을 수 있다

분명히 짚고 넘어가자. 우리 모두는 타인에게 못되거나 친절하다. 꼭 나쁜 사람이 아니더라도 가끔 부적절한 행동을 해서 그런 평가를 받을 수 있다. 누구나 스스로도 좋지 않다고 생각하는 사소한 행동을 한다(이 기회에 자신을 과감히 돌아보고 어떤 행동이 있는지 모두 고백해 보자).

우리 저자들도 다음의 두 가지 사례를 통해 스스로를 낱낱이 살펴보았다.

두 가지 고백

금요일 저녁, 아이들을 데리러 학교에 갔다가 간식을 먹으러 다함께 집으로 돌아왔다. 나는 배가 너무 고팠지만 남은 것은 초콜릿 한 조각뿐이었다. 나는 몰래 그 조각을 집어 삼키고 아이들에게 다른 간식을 꺼내 주었다. 아이들이 내 행동을 보았더라면(또는 나중에 이 글을 읽게 된다면), 단호한 재판관처럼 "엄마 정말 나빠!"라며 되돌릴 수 없는 선고를 내릴 것이다.

오렐리

고백할 것이 하나 있다. 초등학교 졸업반 때 아멜리의 리코더를 감춘 사람은 나다. 선생님이 아멜리를 너무 예뻐해서 어디 한번 혼나 봐라 하며 그랬다. "아멜리, 이 글을 읽는다면 용서해 줘. 그래도 로크 선생님은 너를 혼내지 않았잖아. 이것만 봐도 선생님은 너를 정말 예뻐했어!"

델핀

나쁜 행동은 장난으로라도 해 본 적이 없다고 자부하는 사람만 우리 저자들에게 돌을 던져도 좋다. 이제 여러분도 스스로를 돌아

보고 정직해질 순간이다.

한편, 회사에서 일하다 보면 내가 원하지 않았는데도 못된 사람으로 여겨지거나 내가 다른 사람을 못됐다고 보는 상황이 종종 벌어진다.

집단의 대인 관계에서 나타나는 '심리적 게임'을 설명한 유명한 이론이 있다. 관계 및 교류 분석 전문가인 스티븐 카프만Stephen B. Karpman의 이름에서 따온 '카프만의 삼각형' 또는 '드라마 삼각형'이라는 이론이다.

가족, 직장, 학교와 같은 집단에서는 다음의 세 가지 역할을 중심으로 사회적 관계가 형성되며 이 시나리오가 불가피하게 반복된다. 그리고 그 속에서 자신의 모습을 보게 된다.

- **희생자** — 구원자에게 관심을 받고 동정을 사려고 약자의 입장을 보인다. 잘못한 것이 없는데도 부당하게 박해자의 표적이 되었다고 판단하므로 반성 대신 불평을 한다.
- **박해자 또는 학대자** — 희생자의 감정은 고려하지 않고 원하는 것을 얻고자 강하게 나간다. 박해자는 목적을 이루기 위해서라면 행동을 바꾸는 결심까지 하는 실망한 구원자나 반항하는 희생자일 수도 있다. 박해자는 희생자를 용서하지 않으며 연민의 감정 없이 희생자의 부족한 점을 지적한다.
- **구원자** — 희생자를 도우려고 노력하지만 순수한 마음에서 돕겠다는 뜻이 아니라 자신의 자아를 자랑스럽게 여기기 위해

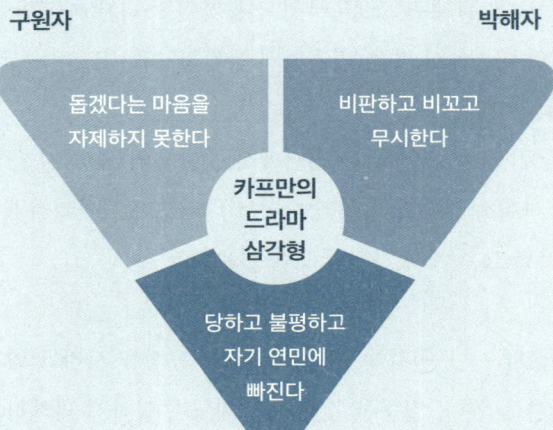

표 1 | 카프만의 드라마 삼각형

서다. 구원자는 희생자가 곁에 있다는 것을 반기고 희생자 혼자서는 상황을 헤쳐 나올 수 없다고 생각한다. 정말 친절해 보이지만 사실은 그 상황에 만족을 느끼며 자신의 행동에만 관심이 있다.

사람들은 자신도 모르게 이 세 가지 역할을 맡으며 현실을 부정한다. 박해자와 구원자는 동등한 세력 관계를 이루므로 삼각형의 위쪽을 차지하지만 희생자는 약자의 입장에 있다. 카프만의 삼각형의 덫에 걸린 사람은 무슨 역할을 맡든 그 상황이 불편하다고 느낀다.

이 역할들은 고정되어 있지 않으며 아래 예시에서 보다시피 반전도 있다. 친절한 사람도 학대자의 자리에 있을 수 있는 것이다.

지독한 삼각형의 덫

어느 날 마갈리는 시부모를 초대해서 생일케이크를 먹기로 했다. 마갈리는 아이들을 돌보느라 힘이 들 때도 있다(여기서 아이들은 박해자, 마갈리는 희생자 역할을 맡는다). 시어머니는 아이들을 타이르면서 며느리의 구원자 입장에 선다. 하지만 마갈리는 육아 원칙을 문제 삼는 시어머니의 방식이 거슬리고 결국 시어머니에게 못된 행동을 한다(시어머니는 새로운 희생자가 되고 마갈리는 시어머니의 박해자가 된다). 할머니가 우는 모습을 본 아이들은 할머니를 보호하며(구원자) "엄마는 할머니한테 왜 못되게 굴어!"라고 엄마를 비난한다. 이 사례에서 볼 수 있듯이 여러 인물 사이에 역할은 계속 바뀐다.

돌고 도는 사슬을 끊고 그 역할을 거부한다면 충분히 이 삼각형의 악순환을 멈출 수 있다. 희생자 없이는 박해자도, 구원자도 없으며, 그 반대도 마찬가지다.

마갈리는 시어머니가 자신만의 방식으로 아이들을 가르쳤듯이 손주들 교육은 엄마인 자신에게 맡겨 달라고 차분하고 예의바르게 말할 수도 있었다.

친절한 사람이라고 모든 사람을 좋아할 의무는 없다

친절한 사람들은 타인에게 감정 이입을 하고 연민을 표현하는 성향이 강하다. 타인이 눈에 거슬리는 행동을 해도 성급히 판단하지 않으며 그와 나 사이에 문제는 없는지 살펴보면서 해답을 찾는다. 친절한 사람들은 갈등을 좋아하지 않기에 차분한 분위기에서 대인 관계를 발전시키는 것이 낫다고 생각한다.

하지만 친절한 사람들도 고유한 개성과 취향이 있다. 누구나 그렇듯이 주위 사람들과 어느 정도 강한 유대감을 키우지만 누군가를 정말 싫어할 수도 있다. 단, 싫어하는 사람을 공격하거나 모욕을 주지 않으며 공개적으로 적대적인 관계를 만들지 않는다. 그렇다고 그에게 시간과 에너지를 낭비하지 않으며 자신의 친절함을 모두 보여 주지도 않는다.

자신의 감정을 솔직하게 표현해 보자

자신이 친절한 사람이라도 언제나 100% 친절한 행동만 하지 않는다는 것을 인정하자(친절한 행동이 전체 행동의 90%에 못 미친다면 자신이 친절하다고 말하지 말자. 정말 친절한 사람이 아니니까 말이다). 친절한 사람도 가끔 서툴게 행동하고, 감정을 절제하지 못하며, 누군가를 놀리고, 타인을 싫어하며, 완벽하지 않을 권리가 있다. 무엇보다 자신을 표현하고 타인에게 존중받을 의무가 있다.

반대로 스스로 친절하지 않거나 나쁜 행동을 자주 한다고 생각된다면 내 안에 채워지지 않은 욕구가 무엇인지 돌아보자. 이 욕구가 이런 행동을 야기한다. 행동을 바꾸기 위해 필요한 것은 무엇일지 생각해 보자(그러나 조심하자. "모두가 내 의견에 찬성하고 내 마음대로 하게 하는 것"이라는 답변은 적절하지 않다).

또한 마음에 들지 않는 행동을 하는 사람을 마주쳤을 때는 '못된 사람'이라는 꼬리표를 붙이기 전에 그의 감정을 이해해 보고, 가능하면 그가 '포스'의 라이트 사이드로 돌아오도록 도와주자(스타워즈의 세계관 '포스'를 말함. '라이트 사이드 포스'와 '다크 사이드 포스'가 있으며 라이트 사이드는 평화적 방식, 다크 사이드는 과격한 방식임 — 역자 주). 그리고 그와의 관계가 나에게 무엇을 의미하는지 스스로에게 물어보자. 어쩌면 이 상황에서 책임감이라는 몫을 짊어질지도 모른다. 하지만 올바른 호의는 제대로 된 질서 위에서 시작된다는 점을 기억하자. 혹시라도 계속해서 나를 괴롭히는 사람들이 있다면 피하자. 상황을 휘두르려는 사람들은 문제의 원인이 남에게 있다고 믿게 만드는 기술이 뛰어나기 때문이다.

Let's do it

연습 1 ― 나쁜 행동을 했다면 누군가에게 고백해 보자

아무 이유 없이 나쁜 행동을 한 경험을 떠올려 보고 주변의 믿을 만한 사람에게 허심탄회하게 털어 놓자.

연습 2 ― 나의 욕구에 집중하자

☐ 앞에서 했던 연습을 다시 해 보자. 이런 행동을 하게 만든 채워지지 못한 욕구는 무엇인가?

_____
_____
_____

☐ 비슷한 상황이 다시 생긴다면 긍정적으로 욕구를 충족하게끔 행동을 어떻게 바꿀 수 있을까?

_____
_____
_____

연습 3 — 타인의 욕구를 이해하자

☐ 누군가 내가 보는 앞에서 못된 행동을 했던 상황을 떠올리자.

_____
_____
_____

☐ 내가 생각하기에 이런 행동을 하게 만든 채워지지 못한 그의 욕구는 무엇일까?

_____
_____
_____

☐ 똑같은 상황이 다시 벌어진다면 그가 전과 다르게 반응하도록 나의 행동을 어떻게 바꿀 수 있을까?

_____
_____
_____

여섯 번째 틀 깨기

친절한 사람들은 항상
자신보다 남을 더 생각한다

우리 모두의 뇌리에 박힌 이 틀은 친절이란 나보다 남을 먼저 생각하고, 나를 완전히 잊으며, 나라는 존재를 지우는 것이라고 인식하게 만들었다. 간단히 말해서 자신을 희생한다는 것이다.

선행을 베푸는 데 인생을 바친 사람들의 이미지는 친절의 좋은 면만 강조한다. "나는 마더 데레사가 아니야."라는 표현은 친절한 행동을 해 달라고 부탁한들 나처럼 죄 많고 보잘것없는 사람은 그럴 수 없으며 너무 큰 희생을 감수해야 한다는 의미다.

아무 대가를 바라지 않고 기꺼이 착한 일을 하려면 어느 정도는 내 자아를 잠자코 있게 해야 하지만 이것이 불문율은 아니다. 나 자신이 힘든 상황에 처해 있다면 타인에게 친절을 베풀 수 없다.

이렇게 말하면 놀랄지도 모르지만 친절하려면 이기적인 모습도 자주 보여야 한다.

타인에게 호의적이려면 먼저 자신에게 호의적이어야 한다

고대 철학자들은 나 자신과 조화를 이루어야지만 타인에게 마음을 열 수 있다고 입을 모아 말했다.

아리스토텔레스는 《니코마코스 윤리학》에서 애정, 사랑, 우정의 감정은 나 자신에 대해 느낄 때만이 타인에 대해서도 느낄 수 있다고 했다. 이 방식으로 생각하면 타인과의 관계가 좋고 나쁜지는 나 자신과의 관계가 좋고 나쁜지에 달렸다. 아리스토텔레스는 자기중심적인 관점과 거리가 멀었지만 아무리 친한 사람이라도 타인은 우리의 빈틈을 채울 수 없다는 입장을 지지했다. 타인과 조화로운 관계를 맺으려면 그만큼 스스로와 조화로운 관계를 유지해야 하고 이는 나 자신에게 달렸다는 것이다. 아리스토텔레스는 "가까운 사람들을 친근하게 느끼며 우정이라고 단정 짓게 만드는 감정은 나 자신과 맺은 관계에서 유래하는 듯하다."라고 설명했다.

고대 철학자들은 인간이란 자신의 이성을 우선시하면서 질병의 동의어로 여겨졌던 비천한 욕망에 굴복하지 않도록 싸워야 한다는 생각을 중시했다.

플라톤도 못된 사람이 타인을 해치는 것은 자신의 무질서함에 지배당했기 때문이라고 설명하며 자연히 아리스토텔레스에게 동의했다. 그런 사람은 내면의 불협화음 때문에 귀가 멀었기에 야만적인 욕망에 이끌린다. 균형 잡힌 조화를 향해 자신을 이끌어 줄 이성의 소리를 듣지 못하는 것이다. 소크라테스도 무엇보다 "자신의 영혼을 돌보자."라고, 다시 말해 자기 자신을 돌보자고 권했다.

철학자들의 말을 믿는다면 못됨은 자신을 사랑하지 못하는 무능력의 표현일 것이다. 이렇게 생각하면 나에게 비열한 짓을 하려고 기회를 엿보는 몹쓸 회사 동료가 달리 보일 수도 있다.

세월이 흘러 17세기에 데카르트는 누군가를 친절히 대하려면 먼저 스스로 자존감을 충분히 느끼도록 나 자신을 돌봐야 한다는 생각을 지지했다. 데카르트는 《정념론》에서 관대함을 가장 큰 미덕으로 여기며 관대함을 갖추기 전에 반드시 자존감을 정립해야 한다고 했다.

그렇다면 자아는 친절의 아군일까?

친절하려면 무조건 타인을 위하기보다 자아를 제대로 돌봐야 한다고 말한다고 해서, 나만 생각하라거나 나의 이익을 위해서만 행동하라는 것은 아니다.

사실 자아에는 두 가지가 있다. 나 자신을 돌보며 정말 필요하다고 느낄 때 나를 위하는 자아가 있고, 무조건 나를 위하고 나의 이익만 생각하는 자아가 있다.

첫 번째 자아는 칭찬받을 만하나 두 번째 자아는 파괴적이다. 이 책을 읽는 여러분도 아마도 자신만 생각하는 사람은 아닐 것이다. 오히려 자신을 충분히 생각하지 않는 축에 속할 것이다. 그러나 친절하려면 타인보다 나를 먼저 생각해야 할 때도 반드시 있다.
  인생은 정글이거나 공작새가 꼬리를 활짝 펼치고 유혹하는 동물원이다. 하지만 여기저기에 친절을 퍼트리는 슈퍼 히어로가 되고 싶다면, 때에 따라서는 나 자신을 우선시해야 한다는 점을 잊지 말자.
  비행기를 타면 승무원이 기내 압력이 떨어질 경우에는 산소마스크를 써야 한다고 안내한다. 비상 상황이 벌어졌을 때, 옆에 아이가 타고 있다면 내가 먼저 마스크를 쓴 다음에 아이가 마스크 쓰는 것을 도와야 한다. 이 순서를 지키지 않으면 다른 사람의 생명을 구할 새도 없이 내가 먼저 기절할 수도 있다.
  친절도 마찬가지다. 예를 들어 가장 친한 친구가 동료와 갈등을 겪은 후에 속상한 마음에 전화를 했다고 치자. 친구는 그 동료와 험한 말을 몇 마디 주고받았지만 관계가 심각해질 정도는 아니다. 하지만 친구는 나에게 이야기하며 마음을 달래고 싶어 한다.
  이때는 친구의 말에 가만히 귀를 기울이며 힘내라고 북돋아 주는 것이 지극히 자연스러워 보인다. 하지만 하필이면 내가 더 미묘한 상황에 처해 있어서 통화에 완전히 집중하기가 어려울 수도 있다(이를 테면 건강 검진 결과가 나쁘게 나왔다거나 나에게 다른 안 좋은 일이 생긴 경우를 상상해 보자).
  이처럼 제대로 친절을 표현하려면 스스로를 먼저 돌보고 자신의 감정 상태를 살펴야 한다.

친절한 사람도 가끔은 이기적일 수 있다

앞서 "친절한 사람들은 겉모습만 봐도 티가 난다"에서, 고의든 그렇지 않든 우리 모두는 누군가에게 못된 사람으로 여겨진다고 말한 바 있다. 그 사람이 누구든 나쁘게 대할 의도가 없었다고 해도 우리의 행동들이 예기치 못한 피해를 줄 때도 있다. 감정 이입을 했다는 모습을 보이려다 상처를 주는 것이다. 더 나쁜 경우도 있다. 가끔은 우리 행동이 우리가 정말 어떤 사람인지 제대로 보여주지 못하는 상황도 생긴다.

문학 작품으로 잠깐 여행을 떠나 보자

잔 마리 르 프랭스 드 보몽Jeanne-Marie Leprince de Beaumont이 쓴 '벨'이라는 멋진 소녀의 삶을 그린 이야기는 누구나 알 것이다(여러분이 손에 든 이 귀중한 책도 꼭 그렇게 되기를 바란다).

야수인 척하기

집안 형편이 기울자 벨은 가족과 시골에 가서 살기로 했다. 어느 날 벨의 아버지는 성을 발견하고 거기서 밤을 보내기로 했다. 다음날 그는 장미꽃을 보고 딸에게 주면 좋아할 거란 생각에 한 송이를 꺾었다. 그 순간 갑자기 흉측한 야수가 나타나더니 벨의 아버지나 딸들 중 한 명을 죽이겠다고 엄포를 놓았다. 벨은 아버지를 구하려고 아버지 대신 남기로 하고 야수의 곁에 머물렀다. 벨은 공포에 떨었지만 벨의 매력에 빠진 야수는 벨을 감금했다.

여기까지만 보면 정상적인 사람은 야수를 악의 화신으로 생각할 것이다. 하지만 벨을 사랑하게 된 야수는 벨의 기분을 좋게 하려고 할 수 있는 모든 것을 다하고 벨에게 청혼하지만 자유를 빼앗긴 벨은 이를 거절했다.

어느 날 저녁, 벨은 마법의 거울을 보고 아버지가 아프다는 것을 알게 되고 야수는 벨이 떠날 수 있도록 마법이 걸린 반지를 주었다. 벨이 없자 야수는 죽어 가지만 벨은 야수와 결혼하려고 성으로 돌아왔다.

해피엔드. 아버지는 완쾌되고 야수는 멋진 왕자로 돌아와 벨과 결혼해서 아이도 많이 낳았다.

그 누구와도 비교할 수 없을 만큼 착한 야수도 처음에는 벨의 아버지에게 함정을 파고 벨이 원하지 않았는데도 벨을 감금한다. 정말 친절한 사람이 극악무도한 행동을 한 것이다. 그렇다. 여러분 중에 가장 친절한 사람도 그럴 수 있다.

친절한 사람도 집단의 이익을 지키기 위해서라면 타인에게 냉정하게 굴며 친절해야 한다는 자신의 원칙을 희생해야 할 때도 있다. 한편으로 자만심에 눈이 멀어 친절해야 한다는 것을 잊고 간혹 끔찍한 실수를 저지른다.

친절한 오디세우스

오디세우스는 호메로스가 쓴 유명한 고대 서사시 《일리아스》와 《오디세이아》의 주인공이다. 이 길고 긴 시들은 각각 트로이 전쟁과, 이타카로 돌아오는 오디세우스의 파란만장한 여행을 노래한다.

10년의 전투 끝에 트로이 전쟁에서 승리한 오디세우스에게는 한 가지 소망만 있었다. 아내 페넬로페, 아들 텔레마코스, 아버지 라에르테스가 살고 있고 자신이 왕으로 있는 고향 섬으로 돌아가는 것이었다.

하지만 어려움을 겪지 않고 집으로 돌아가기란 불가능했다. 오디세우스는 포세이돈 신의 원한을 샀기에 이 목표를 이루기까지 10년이라는 시간이 걸렸다.

오디세우스는 체력과 정신력이 모두 뛰어난 영웅이었다. 비범한 힘, 재치(유명한 트로이의 목마에서 알 수 있듯이), 용기, 친절!

하지만 그는 한순간 차갑고 거만한 모습을 드러낸다. 돌아가는 길이 어려워진 계기도 그것이었다. 어느 날 오디세우스와 그의 일행은 외눈박이 거인족 키클로페스인 폴리페모스에게 잡혔다. 폴리페모스는 그들을 한 명씩 삼켜 버리려고 했다. 오디세우스는 폴리페모스의 하나뿐인 눈을 파 버리면서 다른 키클로페스들에게 들키지 않기 위해 재치 있게 자신의 이름을 '아무것도 아닌 사람'이라고 밝혔다. 떠나는 순간 오디세우스는 대단한 자아를 드러내며 오만하게 굴고 폴리페모스가 누구에게 속았는지 알 수 있도록 자신의 진짜 이름을 밝히며 비웃었다.

갑자기 솟구친 자아는 끔찍한 결과를 불러온다. 폴리페모스의 아버지 포세이돈 신은 무슨 수를 써서라도 오디세우스가 집으로 돌아가지 못하게 하려고 복수의 의지를 꺾지 않았다.

폴리페모스를 비웃은 오디세우스처럼 친절한 사람도 일탈의 순간들을 겪으며 이기적이거나 어리석은 행동을 하는 경우도 있다.

어떻게 하면 올바른 균형을 찾을까?

만약 여러분이 나쁜 행동을 했다면 나도 인간이며 단 한 가지 행동만으로 나란 사람의 진가를 단정 짓는 경우는 없음을 기억하자. 자책해도, 그 행동을 곱씹어도, 그 장면을 다시 떠올려도, 자학해도 소용없다. 가장 좋은 태도는 자신의 행동을 책임지고 사과하며 그로 인한 피해를 최소화하고 수습할 수 있는 방법을 고민하는 것이다.

한 가지 분명히 하자. 나쁜 행동을 한 이유를 대려고 인간은 완벽하지 않다는 알리바이를 들어서는 안 된다. 이 말은 아무리 사소한 행동이라도 나쁜 행동을 해도 된다는 의미가 아니다.

혹시 내가 나쁜 행동을 많이 하는 것은 아닌지 알고 싶다면 반복이라는 필터를 통해 살펴보면 좋다.

인간은 완벽하지 않으며 가끔은 옆길로 새기도 한다. 평소에 그런 사람이 아닌데 몇 번 잘못된 행동을 했다고 해서 이기적이고 못된 괴물이라는 뜻은 아니다. 또 내가 방금 나쁜 행동을 했는데 친절에서 우러나온 행동은 아니었는지 알고 싶다면 그 행동으로 나에게 돌아오는 이익은 무엇인지 스스로에게 물어 보면 된다.

누구에게 형을 선고할까

여러분은 법정에 있는 재판관이며, 지금 문학 작품의 유명한 두 인물이 저지른 행동에 대해 판결을 내려야 한다.

- **로빈 후드** — 정의로운 도둑으로 가난한 사람들을 도우려고 부유한 사람들을 강탈한다. 비난받을 행동을 저지르지만 자신의 목숨이 위험에 처할지라도 타인을 돕겠다는 목표만을 가지며 사리사욕은 전혀 품지 않는다.
- **타르튀프** — 몰리에르가 쓴 작품의 주인공으로 겉으로 경건한 신앙심을 앞세우며 오르공을 사로잡는다. 타르튀프는 타인을 속이고 부를 쌓으려고 자신만 생각한다.

이들에게 같은 형을 선고하겠는가? 한 명은 용서하되 다른 한 명은 처벌하지 않을까? 예외적인 상황을 고려하지 않을까? 로빈 후드의 행동은 비난받을 만하지만 아마도 대다수의 사람은 '착한' 로빈 후드를 더 관대하게 대할 것이다.

사심 없는 행동은 다른 행동들보다 칭찬 받을 만하지만 거짓된 친절은 아무리 좋은 결과를 가져온다고 해도 그 가치가 저절로 떨어진다. 대가를 바라지 않은 행동인 줄 알았는데 속으로 이득을 볼 생각을 품었다는 것을 알게 되면 고마웠던 마음이 금세 사라진다.

그렇다고 항상 나보다 남을 먼저 생각하라는 말은 아니다. 무조건 자신의 자아를 만족시키거나 개인적인 이득을 챙기려고 해서는 안 된다는 말이다.

한편 진심으로 친절을 베풀고 싶다는 마음과 개인적인 이익도 보고 싶다는 마음이 공존할 수도 있다. 이것은 모두에게 도움이 되는 경우로 내가 행한 선행으로 뜻밖의 이익이 돌아왔을 때 이를 누리면 된다.

뭐니 뭐니 해도 아이들은 조종의 선수다. 원하는 것을 얻겠다는 일념 하에 친절하게 굴다가도, 언제 그랬냐는 듯이 사심 없는 착한 행동을 한다.

전자의 경우에 어른들은 미소("나이든 원숭이는 인상 쓰는 법을 몰라.")와 화("어떻게 저렇게 들었다 놨다 할 수 있지?")를 오가며 반응한다.

거짓된 친절은 들통 나는 순간부터 좋을 것이 하나도 없다. 하지만 사소하더라도 진심어린 친절의 표현은 날개를 달아 준다.

귀여운 천사

9살인 아들에게 단편 소설을 사 주러 서점에 갔는데 퀵보드를 둘 만한 장소를 찾지 못해 당황한 적이 있다. 그러자 아들은 서점 직원을 바라보며 슬그머니 웃더니 한껏 천사의 미소를 지으며 살살 녹는 목소리로 퀵보드를 둘 작은 공간을 찾아 줄 수 있느냐고 물었다. 우리 아들은 서점 직원을 사로잡았다는 데 뿌듯해하며 의기양양하게 우리 쪽으로 오더니 며칠 간 읽을 소설책을 고르러 갔다.

책을 고르고 계산한 뒤에 아들은 누가 시키지 않았는데도 서점 직원에게 퀵보드를 맡아 주어 감사하다는 인사를 했다. 직원은 "별거 아니야. 당연한 일인걸."이라고 대답했다. 그러자 아들은 가만히 있지 않고 이렇게 대꾸했다. "아니요! 당연한 거 아니에요. 친절한 거예요. 감사합니다." 단순한 말일 수도 있지만 점원은 무척 흐뭇해했다.

오렐리

간단한 사례를 통해서도 분명히 알 수 있듯이 진짜 친절한 행동을 구분하기란 쉽지 않다. 우리가 그 행동을 한 주체일 때도 마찬가지다. 여러분이 어느 단계에 있는지 알아보려면 스스로에게 이렇게 물어보면 된다. "아무것도 얻지 못한다 해도 나는 똑같이 행동할까?"

현명한 이기주의자가 되는 법을 터득하자

어느 정도의 현명한 이기주의는 친절의 걸림돌이 아니라 친절의 비법임을 납득했을 것이다. 그렇다면 이런 궁금증이 들 수 있다. 올바른 균형을 찾으려면 어떻게 하면 좋을까?

'좋아'를 남발하지 않기

'싫어'라고 생각하면서 '좋아'라고 대답한다면 자기 자신을 부정하는 것이다. 친절이란 항상 좋다고 대답하는 것이 아니라 자신의 생각을 표현하고 책임지는 것이다. 싫다는 대답도 현명하게 할 줄 아는 것이다.

물론 거절하기 힘들 때도 있다. 상처 주고, 갈등을 일으키고, 실망시킬까 봐 두렵다. 이러한 이유 때문에 가끔은 하기 싫은데도 부탁을 들어주겠다고 한다.

거절하고 싶지만 힘들게 느껴진다면 자신의 감정을 표현하는 것부터 시작하자. "나도 난처하고 네가 나를 원망할까 봐 마음이 좋지가 않아."

거절하는 이유를 설명하되 너무 깊이 들어가지는 말자. 여러분에게 부탁을 한 사람이 누구든 거절하는 답변도 들을 수 있어야 한다. 이것은 질문의 특성이다(질문은 명령과 다르다).

마지막으로 할 수 있다면 진심으로 상대를 돕고 싶으니 항상 힘이 되어 주겠다는 뜻을 내비치기 위해 대안을 제시하자.

'자신의 가치관에 맞는 선택'을 했으니 거절을 존중해 달라고 요구해도 된다. 그러면 앞으로도 상대방과 좋은 관계를 유지할 수 있을 것이다.

이것이 불가능한 상대방은 좋은 사람이라기보다 최악의 사람으로 나의 친절로 이득을 보려고 갖은 애를 쓸 것이다. 하지만 친절하다는 것은 타인에게 속아 넘어가거나 가만히 이용당하는 것이 아니다. 누군가를 위해서 얕은 물웅덩이 하나 뛰어들지 않을 사람들을 위해 스스로 망망대해를 건너려는 행동을 멈춰야 하는 순간은 언젠가 온다. 거절의 뜻을 확실히 하려면 다른 설명을 덧붙일 필요도 없고 무엇보다 죄책감을 느낄 필요도 없이 그냥 싫다고 하면 된다. 상대방이 부탁을 들어주길 강요한다면 계속해서 단호하게 '싫어'라고 말하자. 이때 이유는 대지 않아도 된다.

'싫어'를 남발하지 않기

'싫어'라고 말하는 것은 가끔은 해묵은 반사 작용으로 그렇게 대답하는 이유는 다음과 같다.

- 어렸을 때부터 낯선 사람을 경계하라고 배웠다.
- 낯선 사람에 대해 강한 방어 본능을 키웠거나 낯선 사람이 그냥 무섭다.
- 우리가 어떤 사람인지 보여 주고 싶다. 할 일이 많고, 자신감 있으며, 특히 누군가에게 '잘 보이려고 아첨하는' 것이 아니라

고 말이다.

'싫어'라고 말할 수 있는 것은 어떤 상황에서는 꼭 필요한 태도다. 하지만 그럴 때라도 대답과 반사 작용은 구분해야 한다. 반사적으로 튀어나오는 '싫어'는 좋지 않다.

관대함은 뒤늦게 불씨를 살려도 도움이 된다

겁이 많은 성격인 나는 낯선 사람들 앞에서는 더 겁을 먹는다. 누가 말을 걸어올 때마다 경계를 늦추지 않는데 겉으로는 티를 내지 않지만 속으로는 긴장을 하는 것 같다.

한번은 걸인이 와서 한 푼만 달라고 했고 나는 곧바로 싫다고 대답하며 그의 시선을 피하고 거절했다.

그러고 나서는 바보 같지만 착하게 대할 걸 그랬다며 뒤늦게 후회하는 일이 자주 있다. 하지만 어쩔 수가 없다.

이 반사 작용을 조절하는 것이 버거웠던 나는 다른 대응책을 찾았다. 내 뜻대로 하지 못하는 무능력을 탓하는 대신에 거절한 지 몇 초 후라도 다시 돌아가 내가 주고 싶은 만큼 주는 것이다.

아망딘

싫다고 말해야 한다고 느낄 때는 넬슨 만델라의 격언을 되새기는 것이 도움이 될 것이다. "자신의 두려움이 아닌 소망을 반영한 선택을 내려야 한다."

갈등이 생길 수 있는 상황에서는 비폭력대화를 활용하자

갈등 때문에 위협을 받을 때, 빠져나올 해결책은 두 가지 밖에 없다. 그 관계를 끊던지, 그 관계를 지키기 위해 대화하려고 노력하는 것이다.

후자의 경우에는 '비폭력대화 NonViolent Communication'만큼 적절한 것도 없다. 이 도구는 국제 갈등을 해결하기 위해 노력한 미국 심리학자 마셜 로젠버그 Marshall Rosenberg[12]가 개발한 것으로 무서울 정도로 효과가 좋다.

비폭력대화의 원칙은 다음 생각에 바탕을 둔다. 모든 감정은 내면의 욕구를 표현한다는 것이다. 욕구가 충족되면 긍정적인 감정을 느끼지만 욕구가 충족되지 않으면 거칠고 괴로운 감정을 느낀다. 이처럼 감정은 깊은 내면의 욕구가 어떤 상태인지 알려 주므로 우리는 그 상태를 파악하고 말로 표현할 수 있어야 한다. 일단 이 작업을 해 보면 원하는 것을 말로 요청할 수 있게 된다.

비폭력대화는 다음의 4단계로 대화할 것을 제안한다.

- **판단하지 말고 관찰하기** — 내면을 돌아보는 단계로 왜 마음이 불편한지 표현할 수 있다. 이때 판단을 내리거나 해석하지 않는다.

- '나는'이라는 말을 통해 감정을 표현하기('너는'이라는 말은 금물임을 기억하자).
- 자신의 욕구를 파악하고 말로 표현하기
- 분명하고 명확하게 말로 요청하기
    - 특히 누군가를 지정하여 요청하기
    - 지금 이 순간과 관련된 요청하기
    - 구체적으로 요청하기
    - 실현 가능한 요청하기
    - 상대방에게 선택권 주기

자기 자신을 돌보는 것을 잊지 말자

타인에게 마음을 열려면 반드시 스스로 안정되어야 한다. 자기 자신을 돌볼 수 있을 때에만 타인도 돌볼 수 있다. 그러기 위한 몇 가지 비법을 소개한다.

생활 리듬에 여유 갖기

현대인의 세상은 숨 돌릴 틈이 없다. 인간은 달리고, 움직이고, 지쳐 버린다.

달리기 선수처럼 우리 모두 두 번의 시합 사이에는 회복 단계가 필요하며 단거리 경주보다 장거리 경주를 해야 한다.

접속 끊기

컴퓨터, 스마트폰, 태블릿 PC 등과 같은 전자 기기 보급률이 폭발적으로 증가했으며 우리는 일상의 대부분을 이러한 기기를 붙잡으며 보낸다. 아침에 잠에서 깨자마자 스마트폰을 확인하거나 사회 관계망 서비스(SNS)에 중독된 사람들이 수없이 많다. 시도 때도 없이 울리는 알림 메시지 때문에 우리 뇌는 지나친 요구를 받으며 이것도 했다가 저것도 해야 하는 바람에 지쳐 버린다. 이제 휴식 시간을 갖고 접속을 끊어야 할 중요한 순간이다. 방법은 간단하다. 적어도 주말 하루만큼이라도 기기의 전원을 끄고 더 이상 확인하지 말자.

재충전하기

지하철에 늘어선 광고판을 볼 때보다 푸르른 식물을 바라보며 푹 빠져 있을 때 몸과 마음이 더 안정이 된다. 내 속에 잠자는 동물을 재충전하려면 '식물을 가까이 하기'와 주변의 자연 풍경을 누리는 것보다 좋은 방법은 없다.

Let's do it

연습 1 — 비폭력대화를 해 보자

외국에 사는 친구가 내일 우리나라에 들른다고 해서 이미 몇 주 전에 그 날 저녁 외출을 할 거라고 남편에게 말해 놓았다. 그런데 퇴근해서 들어온 남편이 내일 늦게 회의가 잡혔다면서 나가지 말고 아이들을 돌봐야 할 것 같다고 말했다.

☐ 1단계 — 판단하지 말고 관찰하기
다음과 같이 해석할 수도 있지만 생각을 바꿔 보자.
"지긋지긋해. 당신은 나보다 항상 일이 먼저지. 나한테는 신경도 안 쓰잖아."

_____

_____

☐ 2단계 — 자신의 감정을 표현하기
이 상황에서 나의 내면에는 무엇이 일고 있을까? 무슨 느낌일까?

_____

_____

☐ 3단계 — 자신의 욕구를 파악하고 말로 표현하기
감정 뒤에는 항상 욕구가 있다. 이 경우에 나의 욕구는 무엇일까?
_____
_____

☐ 4단계 — 말로 요청하기
_____
_____

특히 다음 사항을 확인하자.

☐ 내가 배우자에게 요청하는가?
☐ 지금 이 순간과 관련된 요청인가?
☐ 구체적인 요청인가?
☐ 실현 가능한 요청인가?
☐ 배우자에게 선택권을 주는가?

다음 예시처럼 자신의 욕구에 따라 다양한 제안을 할 수 있다.

☐ 첫 번째 예시
"3주 전부터 친구를 만나러 가겠다고 미리 말했는데 이제 와서 안 된다고 하면 서운해. 요즘 정말 바람이라도 쐬고 싶었거든. 내일 아이를 돌볼 방법을 당신이 찾을 수는 없을까?"

☐ 두 번째 예시
"3주 전부터 친구를 만나러 가겠다고 미리 말했는데 이제 와서 안 된다고 하면 속상해. 당신은 나보다 일이 중요한 것 같거든. 이번만큼은 나한테 맞춰 줄 수 없을까?"

☐ 세 번째 예시
"3주 전부터 친구를 만나러 가겠다고 미리 말했는데 이제 와서 안 된다고 하면 화가 나. 나만을 위한 시간을 가져본 적이 없는 것 같거든. 우리가 함께 정한 날에는 회사 일이 생겨도 하지 않겠다고 약속할 수 있어?"

연습 2 — 나를 돌보는 시간을 갖자

나를 돌보기 위해 어떤 활동을 할 수 있을까? 이 활동은 일회적일 수도 있지만(영화 보기, 여행 떠나기 등), 반복적일 수도 있다(매일 30분씩 책 읽기, 일주일에 두 번 조깅하기, 한 달에 한 번 친구들 만나기 등).

각각의 활동을 통해 나와 타인에게 어떤 긍정적인 영향이 미칠지 기대해 보자. 예를 들면 다음과 같다.

- ☐ "내가 좋아하는 영화를 보러 가면 기분 전환이 되겠지? 그렇게 휴식 시간을 가지면 하고 있는 일에 더 집중할 수 있을 거야."

- ☐ "매일 저녁 30분씩 책을 읽으면 지식도 얻고 마음의 안정도 얻을 수 있어. 그렇게 되면 다른 사람을 더 편한 마음으로 대할 수 있을 거야."

- ☐ "한 달에 한 번 친구들을 만나면 기분이 너무 좋을 것 같아. 건강에도 좋고 삶이 즐거워질 거라는 건 말할 필요도 없지. 이런 기분으로 친구들을 대하면 친구들도 기뻐하겠지? 틀림없이 그럴 거야."

일곱 번째 틀 깨기

친절한 사람들은
나쁜 관리자다

유능한 관리자란?

MIT 슬로언 경영대학원 경영학 교수 더글러스 맥그리거Douglas Murray Mc Gregor는 1960년대에 'X와 Y 이론'이라 불리는 이론을 개발했다. 'X 이론'은 인간이란 선천적으로 노동에 반감을 느끼므로 조직에서 정한 목표를 이루려면 인간을 통제하고, 관리하고, 위협해야 한다는 원리에 기초한다. 반대로 'Y 이론'은 인간은 본래 신체적 노력과 지적 노력을 높이 평가하므로 직원들이 동기 부여 능력과 자기 관리 능력을 갖추었다고 가정한다.

X 이론은 권위주의적 관리 방식을 유도하지만 Y 이론은 참여적 관리 방식을 유도한다.

지난 몇 십 년간의 경영 분야 연구를 보면 분명히 Y 이론이 유리

하다는 결론이 내려졌다고 생각할 수 있다. 하지만 아직도 관리자는 직원들과 거리를 두어야 하고 존중받으려면 엄격한 모습을 보여야 한다고 생각하는 사람이 많다("사장님이 어느 분이죠?"라는 질문에 어느 직원도 선뜻 대답하지 않는 웃지 못할 모습을 상상해 보자).

권위주의적 관리 방식을 사용하면 직원들이 일을 게을리 하지 않으며 초반에 거둔 성공에 만족하여 안주할 위험도 없다. 하지만 일에 대한 반감을 키워서 통제 또는 보복이라는 악순환을 불러온다는 점은 분명하다. 직원들은 지적을 받지 않으려고 할 일은 하겠지만 더 노력하지 않고 위험도 감수하지 않아 동기 부여, 창의성, 혁신은 사라진다.

권위주의적 관리 방식의 지지자들은 관리자의 역할이란 직원들을 행복하게 하는 것이 아니라 성과를 창출하는 것이라고 주장한다. 우리가 해 줄 수 있는 대답은 하나뿐이다. 이 주장에 전적으로 동의하며 회사는 비영리 기관이 아니므로 이익을 내지 못하면 자멸한다. 하지만 직원의 행복과 회사의 성과를 대립시키는 것은 '배려 대칭 이론'이 보여 주듯 심각한 오류다.

젊은 천재 사업가의 행복 경영 노하우

고객 관리 전문가들에게 잘 알려진 '배려 대칭 이론'은 회사와 고객 간 관계의 질은 경영진과 직원, 협력업체 사이의 관계의 질과 같다고 가정한다.

이 이론을 성공적으로 실천한 사람은 토니 셰이Tony Hsieh다. 그는 하버드 대학교를 졸업한 후 1997년에 스타트업인 '링크익스체인지'를 창업했고 2년 후 마이크로소프트사에 2억 2천 5백만 달러를 받고 매각했다. 그때 그는 24살이었다. 매각 당시 거액의 보너스를 제안받았지만 1년 더 일하고 싶지 않았기 때문에 거절했다. 더는 그곳에서 일할 흥미를 잃었기 때문이다.

그 뒤 토니는 '재포스'를 창업했고 이 회사는 10년도 안 되어서 매출액 10억 달러를 달성한 전설적인 온라인 구두 판매사가 된다. 그는 자신의 베스트셀러 《딜리버링 해피니스》에서 행복(직원, 고객, 공급사의 행복)에 중점을 두면서 어떻게 성공에 이르렀는지 설명한다.

미국의 유명한 심리학자인 숀 아처Shawn Achor가 세운 '행복 우위' 이론에 따르면 행복이 성공을 이끄는 것이지 성공이 행복을 이끄는 것은 아니라고 한다. 이 이론을 개인이나 단체의 관점에서 적용하면 팀의 성과를 높이고 싶은 관리자는 직원의 행복을 키우는 데 전념할 것이다.

하지만 이런 유형의 관리자는 '친절한 관리자는 무능하다'는 고정 관념 때문에 거센 비판을 받는다. 결국 좋은 관리자가 되려면 '친절하지 않다'는 오해를 사는 모습도 보여야 하는 것이다.

좋은 관리자는 단호하다

팀에서든 외부 거래처 사람을 만나든 관리자는 팀의 이익을 보호해야 할 때 단호한 모습을 보일 줄 알아야 한다.

지나치게 친절한 팀장

콜 센터에서 일하는 리디는 고객 상담사 15명이 모인 팀의 관리자다. 코칭 시간에 리디는 직원들에게 푸대접을 받는다고 털어놨다. 단호하지 못한 리디에게 직원들이 불만을 표현했기 때문이다.

지난주에도 그런 일이 있었다. 리디는 콜 센터를 차질 없이 운영하면서도 직원 개개인의 희망사항을 맞추어 주는 여름휴가 방식을 정하려고 직원들을 불러 모았다. 회의가 끝날 때쯤 팀원 모두가 동의한 결정이 나왔다. 그런데 다음 날, 한 직원이 찾아와 6주 동안 여름휴가를 가고 싶은데 어제 정한 방식으로는 맞지 않는다고 설명했다. 리디는 다음 팀 회의 때 이 주제를 다시 안건으로 올렸고 다른 직원들은 상황이 갑자기 바뀐 이유를 납득하지 못해 화를 냈다.

리디의 문제점은 모든 사람의 마음에 들고 싶어 한다는 점이다. 리디도 직원들과 내린 결정이 타당하다고 확신했지만 누구에게나 그 결정을 강요할 수 없다고 느꼈다.

리디는 코칭 시간의 도움을 받아 자신이 내린 결정에서 중심을 잡지 못하면 누구에게도 도움이 되지 않는다는 것을 깨달았다. 원하는 것을 얻게 되는 쪽은 항상 불평꾼들이었으므로 팀원들 사이에도 긴장감이 감돌았다.

친절과 단호함은 서로 대립되는 것이 아님을 기억하자. 반대 의견에 부딪쳐서 결정을 밀고 나가기 어렵다면 스스로 다음 질문부터 해 보자. "이 반대 의견은 집단의 이익을 원점에서 생각할 만큼 타당한가?" 만일 "그렇다."라는 답변이 나왔다면 충분히 입장을 바꾸겠다고 고려할 수 있다. 이것은 단호함이 부족해서가 아니기 때문이다. 반면에 이미 내린 결정이 좋아 보인다면 그 결정을 적용하지 않았을 때 생길 부정적 결과를 나열해 보고 팀에 전달할 수 있다. 그러면서 경청하고 감정 이입하고 통솔하는 모습을 보여 주면 된다.

지나치게 친절한 관리자는 다른 사람들에게 이용당할 여지를 남긴다. 여기서 다른 사람들이란 맡은 바 일을 엉망으로 하는 동료일 수도 있고, 배송 기한을 지키지 않는 거래처일 수도 있으며, 청구된 금액을 내지 않으려는 고객일 수도 있다. 그로 인해 결정을 존중하고 적극적으로 동참하는 사람들에게 미칠 영향을 상상해 보자. 인간은 근본적으로 정의를 지향하는 욕구가 있으므로 불공정하게 이득을 얻는 사람들을 보면 의욕을 크게 상실한다. 팀원들도 이를 느끼므로 팀 분위기도 나빠진다. 여러분은 사직서를 쓰는 직원이 많아지는 상황을 목격할지도 모른다(떠나는 사람들은 아마도 가장 뛰어난 직원들일 것이다). 만약 단골 고객들이 사기꾼 같은 고객들보다 홀대받는다는 것을 알게 된다면 어떻게 반응할까?

결국 '관리'는 힘의 관계가 아니라 게임의 규칙을 분명히 정하고 지키게 하는 것이다. 관리자는 무엇보다도 탁월한 경청 능력과 감정 이입 능력을 발휘하며 대화하려는 열린 자세를 지녀야 한다.

좋은 관리자는 할 말은 한다

좋은 관리자는 직원이 발전하고 성장하도록 돕는다. 그러려면 직원들의 개선점을 정기적으로 피드백해야 한다.

잘한 것과 못한 것을 한 번에 말해야 하는 연례 평가는 수많은 회사에서 까다로운 과정이 되었다. 하지만 이러한 기회에 피드백을 주지 않는 관리자라면 직원의 발전에 효과적인 도움을 줄 수 없다.

친절한 사람들은 남이 들었을 때 기분 나빠할 말을 하기 어려워한다. 하지만 이 일은 관리자의 임무임을 명심해야 한다. 장기적으로 보면 이 말이 직원에게 도움이 된다는 점을 기억하자.

조율이 필요해

50살인 얀은 사업 팀장을 맡고 있으며 자신의 능력을 증명했다고 자부한다. 이제 더 많은 책임을 필요로 하는 직책을 맡고 싶다. 몇몇 임원과의 관계에서 어려움을 느끼던 얀은 상사인 알랭의 제안에 따라 코칭을 받기로 했다.

알랭은 코치와 사전 면담을 하면서 얀의 상황이 심각하고 소통 방식을 완전히 바꾸지 않는다면 전혀 발전할 수 없을 것이라고 했다. 알랭은 얀이 상처받고 의욕을 잃을까 봐 걱정이 되어서 지금까지 분명히 말할 엄두를 내지 못했던 것이다. 하지만 코치는 올바른 코칭을 위해서는 얀도 자신이 직면한 문제를 이해해야 한다고 설명했다.

본격적인 첫 번째 코칭 면담 때, 알랭은 얀에게 어떤 발전을 기대하는지, 또 지금처럼 한다면 얀의 경력에 어떤 결과가 생길지 분명히 말했다. 그러자 얀과 알랭의 관계는 틀어지기는커녕 정반대 효과를 불러왔다. 얀은 알랭에게 모두가 지금껏 쉬쉬했던 이야기를 용기 있고 솔직하게 말해 주어 고맙다고 했다.

할 말을 하는 행동은 관리자에게만 해당되지 않는다. 팀원 각자가 자유롭게 의사 표현을 하는 팀이 가장 잘 돌아간다. 개방된 공간에서 일하는데 옆 동료가 너무 시끄럽다면 재치를 발휘하여 그 공간이 아닌 다른 곳에서 일하는 팀장에게 그 동료를 맡아 달라고 요청하는 편이 더 바람직하고 도움이 된다. '세상의 구원자'라는 망토를 걸쳐야 한다고 스스로를 몰아붙이면서 그 동료에게 과도한 친절을 베풀지 말자. 다음 사례처럼 할 말을 제대로 못하는 사람들의 말까지 대신 전달할 필요도 없다.

기대와 정반대 결과가 나왔을 때

사빈은 아르노와 IT 업무를 하고 있다. 아르노는 업무에 대단히 적극적이고 성과에 자부심을 느끼지만 자만심이 많고 팀에서 이룬 공을 가로채는 성향으로 유명했다.

사빈도 아르노의 평판을 알았지만 직접 경험한 아르노는 그렇게까지 겸손하지 않은 사람은 아니었다. 이 점이 마음에 걸렸던 사빈은 아르노가 지나칠 정도로 열심히 일하는 것은 넘치는 열정 때문이라고 생각했다. 하지만 사람들의 비난은 끊이지 않았고 안타까웠던 사빈은 아르노의 행동이 달라지도록 돕기 위해 이 사실을 말해 주기로 결심했다.

하지만 아르노는 자신에 대해 이야기 나누기를 거부했으며 아르노의 평판을 바로잡고자 했던 사빈의 노력도 모두 물거품이 되었다. 그전까지 좋았던 아르노와 사빈의 사이도 냉랭해졌고 거리가 생겼다. 아르노의 행동이 전혀 달라지지 않았다는 점은 굳이 말할 필요도 없다.

좋은 관리자는 어려운 결정을 내릴 줄 안다

좋은 관리자, 특히 경영진은 어려운 결정을 내릴 수 있어야 한다.

경험이 많은 관리자도 직원을 채용할 때 실수를 한 적이 있을 것이다. 이 때 상황이 나아지길 바라며 선의를 넘어 그 직원에게 더 기회를 줘야 하는 등 지나친 친절을 베풀기도 한다. 하지만 제대로 대응하지 못하면 상황은 나빠져 당사자에게 큰 피해를 입힐 만큼 악화될 수 있다. 물론 직원을 호의적으로 대하면 회사에 잘 녹아들어가게 할 수는 있다. 하지만 기업 문화와 개인의 가치관이 크게 다른 경우처럼 상황이 해결될 기미가 안 보이면 그 신호를 무시하면 안 된다. 사실 내가 없었으면 하는 회사에 겨우 다니며 계속 상처를 받기보다는 수습 기간이 끝나고 정식으로 채용되지 않는 편이 자존감에 타격을 덜 입을 수도 있다.

이 상황에서 관리자가 할 일은 그 직원을 친절하게 대하는 것도, 존중하는 것도 아니다. 능력을 발휘할 수 있는 다른 업무를 맡기거나 개인의 가치관과 비슷한 환경의 회사로 진로를 바꾸도록 돕는 것이다.

결국 좋은 관리자란 단호하고, 할 말은 과감히 하며, 어려운 결정을 내릴 줄 알아야 한다. 하지만 반드시 엄격해야 한다는 뜻은 아니다.

지나치게 엄격한 관리자는 나쁜 스트레스를 준다

엄격한 관리자는 한계를 넘고 성과를 내라고 직원들을 부추기며 압박을 가한다. 안타깝지만 이로 인해 제일 먼저 나타나는 결과는 높은 스트레스로, 다음의 두 가지 주요 이유로 회사의 성과에 부정적인 영향을 미친다.

먼저 이직률이 증가하므로 직원을 새로 채용하고 교육해야 한다. 채용과 교육은 유독 비용이 많이 드는 절차다. 강도 높은 업무 스트레스는 직원들이 퇴사하거나 승진까지 거부하게 만든다는 것을 잘 보여 준 연구들도 있다.[13]

또한 결근과 병가 등 직원의 건강 악화와 관련된 비용이 크게 증가한다. 여러 기업의 직원들을 대상으로 진행한 연구에 따르면 스트레스 수준이 높은 직원의 의료비는 비슷한 회사에서 일하지만 스트레스를 받지 않는 직원의 의료비보다 46% 많았다.[14]

좋은 관리자는 직원들을 심하게 몰아붙이지 않고도 최선을 다하고 싶다는 욕구를 끌어낸다. 이를 위한 관리자의 이상적인 자질은 무엇일까?

우리는 기업의 활동 분야를 막론하고 다양한 유형의 기업에서 저마다 다른 수준의 책임을 맡는 사람들에게 물었다. 좋은 책임자가 지녀야 할 주요 자질에 관해 다양한 대답이 나왔지만 여기서는 공통적인 대답만 추려 보았다.

좋은 관리자의 자질이란 무엇일까?

- ☐ 인간적이고 이해심이 있으며 감정 이입을 잘한다.
- ☐ 정직하고 공정하다.
- ☐ 팀의 존재 이유에 대해 비전을 제시한다.
- ☐ 팀원들에게 새로운 것을 배우고 능력을 개발할 수 있게 해 준다.
- ☐ 팀원들에게 영감을 주고 한계를 넘고 싶다는 욕구를 심어 준다.
- ☐ 모범적이다.
- ☐ 모든 것을(실패까지도) 긍정적으로 보며 좋은 습관을 권장한다.
- ☐ 팀을 조율하면서 분별 있게 업무를 맡길 줄 안다.
- ☐ 개인에게 맞는 방식으로 소통을 많이 한다.
- ☐ 팀원이 업무를 훌륭히 완수하면 고마워하고 칭찬을 아끼지 않는다. 성공을 거두면 축하하고, 일상적인 사내 불편함을 해결해 주며, 어려움을 겪는 직원을 돕는다.
- ☐ 팀원들에게 직장 생활과 사생활의 균형을 찾으라고 권장한다.
- ☐ 자기 계발을 권장하며, 팀원 개개인에게 관심을 갖고 정기적으로 피드백을 준다.

대부분(정직, 공정, 모범, 낙관주의, 지지, 소통, 감사, 축하, 존중, 관심 등)은 자연스레 친절과 맥을 같이 하지만 좀 더 신경 써야 하는 자질도 있다. 자세히 살펴보자.

친절한 관리자는 신뢰감을 준다

하버드 대학교 경영대학원 교수인 에이미 커디Amy Cuddy와 동료들은 리더 개인의 능력을 배제한다면 따뜻한 리더가 완고한 리더보다 더 효과적임을 입증했다.[15]

직원들이 더 신뢰하는 관리자는 사리사욕을 채우지 않고 직원들의 행복을 중시하는 친절한 사람이다. 직원들은 이러한 관리자야말로 자신을 더 존중해 주고, 자신의 이야기를 더 들어주고, 어려울 때 더 응원해 준다고 느낀다. 인정받고 싶다는 직원들의 욕구도 커지고 관리자와의 관계에도 긍정적인 결과를 낳는다. 특히 서로가 더 끈끈해졌다고 느낀다.

신뢰는 전이되므로 관리자가 자리에 있건 없건 팀원들의 분위기도 금세 좋아진다.

친절한 관리자는 참여 의식을 북돋는다

프랑스 긍정 리더십 연구소Institut français du leadership positif(IFLP, 새로운 리더십 모델을 탐구하는 싱크 탱크)의 소장이자 《긍정적인 리더Le Leader positif》의 저자 이브 르 비앙Yves Le Bihan은 관리자의 이타주의가 직원들의 참여 의식에 미치는 영향을 연구했다. 연구는 '종단 연구 방식'(특정 현상이나 대상에 대하여 일정 기간 동안 측정을 되풀이하는 연구 방법 —

역자 주)으로 진행되었으며 관리자의 이타적인 면을 본 직원들은 '정보적 공정성'(절차나 의사소통에 대한 정보의 분배가 공정해야 한다는 것 — 역자 주)이라는 감정을 느끼는 것으로 나타났다. "우리 관리자는 차분하고, 솔직하고, 내 방식에 맞게 소통해." 그 영향으로 직원들이 회사에 느끼는 정서적인 참여 의식이 고취된다.

사회 심리학자이자 뉴욕 대학교 스턴 경영 대학원의 윤리학 교수인 조너선 하이트Jonathan Haidt도 경영진이 희생정신을 보이면 직원들은 감동하고 영감을 받는다는 것을 입증했다. 직원들은 회사에 더 충성하고 동료들과 더 단결한다. 왜냐하면 나를 도와주는 사람들과 일할 때 우리는 그들을 비롯한 주위 모든 사람과 동질감을 느끼기 때문이다.

친절한 관리자는 직원의 행복과 건강까지 향상시킨다

2013년과 2017년, 여론 조사 업체인 갤럽Gallup은 '전 세계 직장 실태State of the Global Workplace' 조사를 실시하여 기업이 인적 자원을 효율적으로 관리하는지 알아보았다.

조사 결과, 직원들은 평균적으로 월급보다 직장에서의 행복에 더 큰 중요성을 부여했으며 관리자와 사이가 나쁘다는 이유로 퇴사하는 경우도 많은 것으로 나타났다.

호의적인 사내 문화는 심장 박동과 혈압을 안정시키고 면역 체계를 강화하여 직원들의 행복과 건강을 향상시킨다. 카롤린스카 연구소Karolinska Institute[16]에서 직장인 3천 명을 대상으로 실시한 연구는 리더의 자질이 직원들의 심장 질환 발병에 큰 영향을 미친다는 점을 입증했다.

친절한 관리자는 직원의 성과를 향상시킨다

관리자에게 공평한 대우를 받은 직원들은 더 열심히 일하고 개인 업무에서나 단체 업무에서나 더 생산적이다.

넓게 보면 친절한 관리자는 팀에 긍정적인 분위기를 조성하므로 팀 내에 긍정적인 상호작용도 많아진다. 심리학자 마르시알 로사다Marcial Losada는 수학적 모델링에 기초하여 10년 동안 여러 팀의 성과를 연구했다. 그 결과, 가장 성과가 뛰어난 팀에는 부정적인 상호 작용보다 긍정적인 상호 작용이 최소 3배에서 7배 많았다는 것이 입증되었다.

호의적인 관리자는 직원들이 긍정적인 생각으로 업무에 임하도록 돕는다. 행복과 성과의 관계에 대한 세계적인 전문가인 숀 아처는 긍정적인 정신을 기르면 더 동기 부여가 되고, 더 효과적이고, 회복 탄력성이 더 높으며, 더 창의적이고, 더 생산적인 사람이 된다고 설명한다(앞에서 말한 '행복 우위'가 이것이다). 아처는 그 근거로 다음 사실을 입증한 여러 연구를 들었다. 긍정적인 판매원은 부정적인 판매원보다 실적이 56% 더 좋았으며, 긍정주의는 생산성을 15%, 고객 만족을 42% 개선할 수 있다고 한다.

마지막으로 '피그말리온Pygmalion 효과'(이를 입증한 미국 심리학자들의 이름을 따서 '로젠탈Rosenthal과 야콥슨Jacobson 효과'라고도 함)는 누군가에 대해 성공할 것이라고 믿기만 해도 성공 가능성이 높아진다는 점을 보여 준다.

피그말리온 효과

로버트 로젠탈Robert Rosenthal 팀은 학기 초에 초등학생들에게 IQ 검사를 받게 했다. 그리고 특정 아이들의 이름을 무작위로 뽑아 만든 목록을 교사들에게 보여 주며 테스트 결과, 이 아이들의 지능이 더 높았다고 말했다.

교사들은 이 정보를 누설하지도, 이 아이들을 특별 대우하지도 말라는 요구를 받았다. 간단히 말해 이 아이들에게 하는 행동에 어떤 변화도 주지 말라는 요구였다.

학기말에 학생들은 다시 검사를 받았다. 그 결과, 더 똑똑하다고 했던 아이들은 다른 아이들보다 전반적으로 발전했으며 평균 결과도 훨씬 좋았다.

친절한 관리자는 별다른 주의를 기울이지 않아도 피그말리온 효과를 실천한다. 그들의 선천적인 호의는 직원들에게 긍정적인 이미지를 심어 성공의 기회를 높여 준다.

마지막으로 오스트레일리안 경영 대학원의 크리스티나 뵈드케르Christina Boedker가 77개 단체 5,600명을 대상으로 실시한 연구를 살펴보자. 이 연구는 관리자의 관계 개선 능력, 직원이 해낸 업무를 인정하는 능력, 피드백을 긍정적으로 받아들이는 능력, 직원의 협동을 장려하는 능력은 회사가 성공하기 위한 주된 요소라고 결론 내린다. 특히 관리자의 공감 능력은 회사의 수익성 및 생산성과 최적의 상관관계를 보인다.

이처럼 친절은 관리자의 진정한 강점이다. 하지만 자칫 잘못하면 직원들이나 회사에 손해를 끼치는 행동을 할 수도 있으니 지나친 친절의 늪에 빠지는 것은 금물이다.

친절하면서도 선을 분명히 하는 관리자가 되자

여러분도 이해했겠지만 미묘한 상황에서도 자신의 가치관을 지키고 신중하게 임한다면 친절은 좋은 관리자가 되는 데 있어서 엄청난 강점이 된다.

스스로 지나치게 친절하다고 느낀다면 다음 질문을 통해 자신을 돌아보자. 타인에게 특히 자신에게 지나치게 관대한가? 나의 태도와 행동 가운데 팀 운영에 방해가 되는 것(생산성 저하, 목표 미달, 어두운 분위기, 의욕 상실 등을 유발하는 것)은 무엇인가?

이제부터 직원들, 동료 관리자들, 상사들의 소중한 피드백을 모으기 위해 경청과 대화 능력을 활용하자. 듣기 거북한 의견도 나의 발전에 도움이 될 것이다.

그리고 분명한 선을 정하고 직원들과 어떤 관계를 맺고 싶은지 틀을 세우는 연습을 하자.

Let's do it

반대 의견이 없는 결정을 내리게 하는 도구를 활용해 보자

다음은 소위 말하는 '자유로운' 기업에서 많이 활용하는 도구로 단체에 강한 영향력을 주는 결정을 내릴 때 사용하면 좋다.

핵심은 팀원 대부분이 찬성하는 제안을 호의적으로 받아들이지 않는 팀원에게 관심을 갖는 것이다. 그들이 더는 반대할 수 없게 결정을 보완하도록 하자. 활용법은 다음과 같다.

> 제안을 소개한다.
> ↓
> 제안을 잘 이해했는지 참석자들에게 돌아가며 확인 질문을 한다.
> ↓
> 토론에 앞서 참석자들의 반응을 살핀다.
> ↓
> 초안을 보완하기 위해 팀의 반응을 취합한다.
> ↓
> 참석자들에게 돌아가며 반대 의견을 표현하게 한다.
> ↓
> 타당한 반대 의견이 나오면 초안을 수정한다.
> ↓
> 반대 의견이 더 없으면 제안을 확정하고 실행한다.

여덟 번째 틀 깨기

친절한 사람들은 일에서 큰 성과를 내지 못한다

여기에는 우리 조상들도 책임이 있다

친절이라는 개념은 '일'이라는 말의 유래와 대치되는 듯하다. 동의하지 않는 언어학자들도 있지만, 프랑스어로 '일travail'이라는 낱말은 중세 시대 동물과 노예를 고문하는 데 사용했던 세 개의 말뚝으로 된 고문 도구를 가리키는 라틴어 '트리팔리움tripalium'에서 왔을 것이다. 그렇다 보니 정말 관대한 사람은(또는 심신이 균형 잡힌 사람은 누구든지) 일에 매력을 느끼지 못할 것이다. 또 친절한 사람들이라면 열과 성을 다해 고문하지 않을 테니 '일'에서도 큰 성과를 내지 못할 것이라고 생각하기 쉽다.

프랑스인들의 바탕을 이루는 유다-그리스도교 역시 프랑스인들이 일을 인식하는 데 영향을 미쳤다. 일은 고통과 괴로움과 징벌의 장소지, 즐거움과 상부상조와 친절의 장소가 아니다. 성경에서도 "너는 이마에 땀을 흘려야 낟알을 얻어먹으리라."라던가 "땅 또한 너 때문에 저주를 받으리라. 너는 죽도록 고생해야 먹고 살리라."라고 하지 않는가? 환경이 이렇게 적대적이니 친절이 처음부터 제자리를 찾지 못했다고 인정하는 것도 어찌 보면 당연하다.

성과를 내려면 개인의 동기 부여가 필요하다고 생각하기 시작한 때는 고작 1930년부터다. 인간은 감정을 느끼는 존재이므로 인적 자원이 '성과를 내려면' 생산적이기만 해서는 안 되며 좋은 기분을 느껴야 한다.

조직이 성과를 추구하는 것은 어제오늘 일이 아니다

조직과 제도적 환경의 관계를 연구한 것으로 잘 알려진 미국 사회학자 윌리엄 리처드 스콧William Richard Scott은 자신의 이름을 딴 개요도를 만들었다. 이 개요도는 조직의 다양한 개념을 두 가지 큰 축에 따라 표현한다.

- 합리적/폐쇄적 축이 만나는 첫 번째 칸은 20세기 초에 조직 연구가 시작되었음을 나타낸다. 테일러리즘(미국 엔지니어 프레더릭 윈슬로 테일러Frederick Winslow Taylor의 이름에서 비롯됨)은 폐쇄적인 특정 영역에서 생산성을 극대화하고자 같은 근로자가 업무를 반복 수행하는 것을 합리화하며 근로자의 인간적인 감정은

현대의 방식은 개방적이고
자연적이다

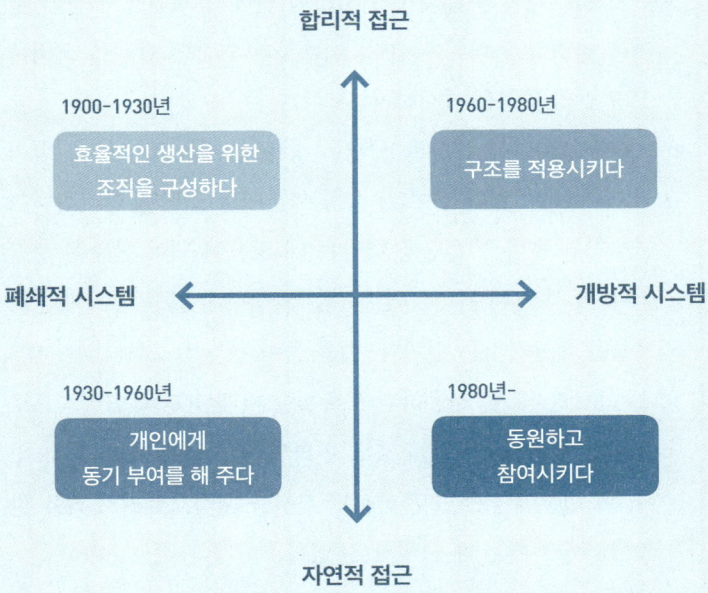

표 2 | 스콧의 단순 개요도

고려하지 않는다.
- 자연적/폐쇄적 축이 만나는 다음 칸은 1930~1960년에 해당하며 인간관계를 고려하여 조직을 좀 더 사회적으로 접근하는 것이 특징이다. 인간은 감정을 느끼고 일에도 그 영향이 미치므로 기업은 폐쇄적인 시스템 안에서 개인에게 동기 부여를 하려고 노력해야 한다. 이때부터 인간의 감정을 고려하고 인간의 특성을 중시하기 시작했다.
- 1960~1980년에 해당하는 칸은 상황 이론을 접목시킨 '합리적'이며 '개방적'인 칸이다. 상황 이론이란 조직을 합리화하여 관리자가 올바른 결정을 내리는 데 도움이 돼야 한다는 생각이다. 다시 말해 관리자의 직감을 과신하지 말고 합리적인 자료들을 활용하자는 것이다. 예를 들어 관찰 요소들('과학적' 특징에 기초한 조사들)을 사용하면 불확실한 미래를 더욱 합리적으로 파악할 수 있고 조직 구조도 변화의 필요성에 대응할 수 있다. 이 이론에 따르면 관리자는 결정을 내림으로써 조직을 환경에 적응시키는 데 기여할 수 있다.
- 개방적/자연적 축이 만나는 마지막 칸은 환경에 적응해야 한다는 생각을 유지하면서 사회적 요소를 재도입한다. 직원의 참여를 독려하려면 기업 문화(뿐만 아니라 조직)도 환경에 적응해야 하며 이를 통해 집단이 기업의 가치관에 동참하게 해야 한다.

스콧은 1980년대 초부터 기업이 개인을 동원시키고 참여(동참, 공동 기획, 공동 개발 등)를 독려하는 사회적인 방향으로 움직이고 있음을 입증했다. 하지만 인간의 감정이 고려되려면 갈 길이 멀며 친절도 아직까지는 긍정적으로 여겨지지 않는다.

물론 친절이 각광받고 가치를 인정받으며 필수라고 보는 직업들도 있다. 가령 간호사, 심리 상담가를 들 수 있으며 감정 이입, 경청, 호의 없이는 이 직업들을 해낼 수가 없다.

반면에 친절이 여전히 제자리를 찾지 못하는 직업들도 있다. 진로 상담사가 대학 신입생을 두고 "그 학생은 착하니까 훌륭한 영업사원이 될 겁니다."라고 말하는 모습은 상상하기 어렵다.

더 심한 직업은 정치인이다. 여러분도 많은 사람들이 그렇듯이 정치인은 헐뜯는 사람들 사이를 헤엄치기 위해 여자든 남자든 상어 옷을 껴입어야 하는 직업이라고 말하지 않을까? 아니면 요즘 정치에 관심이 떨어져서 제발 서로 친절하게 굴라고 정치인들에게 조언하는 사람들의 의견을[17] 그냥 받아들이는 것인가?

회사 문 앞에 감정을 두고 와야 한다고 말하는 이유는?

이 주제에 대해서는 의견이 분분하다. 한 발 물러서서 올바른 결정을 내리려면 절대로 감정에 휩쓸리면 안 된다고 생각하는 사람들이 아직도 많은 것이다.

"감정은 회사 문 앞에 두고 오는 것이다."라던가 "일은 일일 뿐이다."라는 식의 조언은 오래전부터 계속 들어 왔고 지금도 계속되고 있다. 흔히 회사는 감정을 완벽히 절제하고 냉정해야 하는 곳으로 여겨진다. 직장은 힘든 곳이라는 생각이 집단적인 무의식 속에 기준으로 자리 잡았기 때문에 감정을 드러내면 나약하다는 신호로 받아들여진다. 보통 직장인들은 "힘들어도 월급 받잖아."라고 말한다. 별 말 아닌 것 같지만 파괴적인 이 문장을 얼마나 자주 들어 왔는가? 이 말에는 월급은 고통의 대가이니 부정적인 감정이 드는 것이 당연하다는 뜻이 숨어 있다. 심지어 이 말은 직장인들에게 어떠한 연민도 느끼지 말고 개인주의 행동을 하라고 부추긴다.

공감, 감정 이입, 연민이란

- **공감** — 누군가에게 호감을 갖는 첫 단계로 사회적인 친밀감을 느끼는 것을 말한다. 공감하는 사람은 타인의 감정을 이해하지만 그런 감정을 느끼는 정도와 시간을 제한하려고 타인과 거리를 두며 스스로를 보호한다.
- **감정 이입** — 타인의 감정을 자신의 내면에서 완화된 상태로 느끼는 능력을 가리킨다. 금방 사그라지는 감정은 아니며 걱정하는 감정은 좀 더 오래간다.
- **연민** — 타인에게 연민을 갖는 사람은 오랜 기간 그와 유대감을 맺었으므로 그의 고통을 절실히 느끼고 이를 자신의 문제로 여기며 고통을 치유하려고 행동에 나선다.

친절은 기업이 성과를 낼 수 있는 요인

친절에 자리를 내주라는 것은 인간관계에 시간을 투자하라는 뜻임은 쉽게 이해할 수 있다. 하지만 회사에서는 평소 그렇게 하기가 쉽지 않으며 위기가 닥쳤을 때는 안 좋게 보일 수도 있다. 회사를 구하느라 다급한데 타인을 돕다가는 시간을 너무 많이 **뺏긴다**고 생각하는 것이다. 불만을 털어놓는 동료들이 있으면 이해하고 도와주기보다 가르치려 드는 것도 그래서다. 정말 안타깝다! 위기 때야말로 친절은 기적을 만들 수 있기 때문이다.

위기 때 최고의 아군이 친절이라면?

질 테노Gilles Teneau와 제랄딘 르무안Géraldine Lemoine은 《독소 처리자 Toxic Handlers》라는 책에서 이 견해를 지지했다(앞으로 보겠지만 여기서 '처리자'라는 말은 좋은 의미를 담고 있다). 이들은 밴쿠버의 브리티시 컬럼비아 대학교 피터 프로스트Peter Frost 교수가 1990년대 시작한 연구를 소개하며, '독소 처리자'들은 타인의 고통에서 퍼지는 독소를 감지하고 흡수할 수 있는 사람들로 타인이 고통을 이겨 내도록 돕는다고 했다. 그래서 그들에게는 '호의 생성자'라는 이름이 붙는다. 독소 처리자들은 감정 이입 능력이 뛰어난 직원들로 타인의 어려움과 고통을 감지하고 이해하며 덜어 준다.

그들 덕분에 기업은 조직의 회복 탄력성을 키울 수 있다. 다시 말해 탄탄하고, 적응력 있고, 다시 일어설 수 있는 조직을 통해 버티면서 위기를 이겨 낸다.

그렇다면 독소 처리자들은 어떤 행동을 할까? 그들은 누구일까? 어떤 특징을 보일까? 그들은 과거에 어려운 상황을 경험했다는 공통점이 있으며 그렇기에 타인에게 진심으로 귀를 기울이고 조금씩 신뢰를 쌓으며 시련에 의미를 부여할 수 있다. 질 테노와 제랄딘 르무안은 독소 처리자를 세 유형으로 나눈다.

- **신뢰 운반자** — 공감할 줄 아는 사람으로 지금 이 순간 필요한 좋은 조언을 해 준다.
- **고통 운반자** — 감정 이입 능력이 있다.
- **연민 운반자** — 자신이 지쳐도 개의치 않고 도움을 주려고 행동에 나선다.

투쟁 정신이 불타는 독소 처리자

오귀스탱은 오드프랑스 지역의 현장들을 철수하는 업무를 지휘하게 되었다. 재정적인 어려움을 이겨 내기 위해 단 한 곳의 현장만 남기고 나머지는 모두 철수하기로 정해진 상태였다. 오귀스탱은 다른 관리자들을 통해 현장 직원들이 거세게 항의한다는 소식도 이미 들었다. 일이 만만치 않을 것 같았다.

오귀스탱은 모든 직원을 한 명씩 만나 보기로 했다. 특히 나 어렵다고 알려진 현장에 도착한 오귀스탱은 면담을 시작했고 첫 면담부터 격분한 채 거침없는 말을 쏟아 내는 직원을 마주쳤다. "나는 한 발자국도 움직이지 않을 거예요. 필요하다면 공장 라인에 있는 내 의자에 착 달라붙어 있을 거라고요."

그의 괴로움을 직감한 오귀스탱은 오늘 이곳에 온 이유는 그를 완전히 다른 동네로 보내려는 것이 아니라 사정을 이해하고 그가 어떤 사람인지 알기 위해서라고 설명했다.

그 직원은 자신이 어떻게 사는지 설명하고 지금 사는 곳을 떠나고 싶지 않다고 했다. 아직 아이들이 어려서 옆에 있고 싶기 때문에 멀리 출퇴근하기는 불가능하다고 했다. 최근에 건강도 나빠져서 암을 이겨 내느라 힘들었다고도 했다. 그 직원은 마음에 담아 둔 이야기를 모두 털어놓았다.

오귀스탱은 그의 고통을 느꼈다. 어떠한 판단도 내리지 않고 그가 하는 말 뒤에 숨은 뜻까지 귀담아 들었다. 그러자 내면에서 슬픔과 두려움이 느껴졌다. 오귀스탱은 그와 몇 차례 더 면담을 하면서 신뢰를 쌓았으며 그 직원이 회사 생활과 사생활의 균형을 이루기 위해 어떤 업무를 맡으면 좋을지 또 출퇴근 시간은 어떻게 해야 적합할지 함께 고민하며 인근 지역에 알아보기까지 했다. 물론 동료 관리자들은 그렇게까지 할 필요가 있냐며 왜 고생을 사서하냐고 했다. 다른 지역에서도 "왜 그 사람을 도와주는 거예요?"라고 물었다. 투쟁 정신에 불타오른 오귀스탱은 인근 지역에서 일할 사람이 필요하다는 것을 알게 되었고 마침 그 일은 그 직원에게 해결책이 될 만한 일이었다. 그렇게 오귀스탱과 직원은 윈윈 전략을 찾았다.

친절이 성과를 내는 것과 관련된 과학적 연구

친절이 성과를 개선하는 데 도움이 될 경우에는 굳이 위기나 힘든 시기가 아니더라도 친절은 회사에서 제자리를 찾게 된다.

이미 예전부터 그랬다. 한 학교에서 진행한 실험은 친구에게 도움을 준 아이나 받은 아이 모두 성적이 향상된다는 것을 입증했다.

2012년, 구글은 기업의 생산성에 대한 비밀을 파헤치고 싶었다. 그래서 180개 팀을 대상으로 '아리스토텔레스 프로젝트'라는 대규모 연구를 실시했다. 엔지니어들과 통계학자들, 사회학자들과 심리학자들이 참여했다.

전문가들은 상관 분석을 위해 모든 변수(내부 조직, 나이, 능력의 상호 보완성, 성별 비율, 공동 관심사, 업무를 떠나 친한 정도, 문화, 가치관)를 꾸준히 분석한 후, 다음 결론에 도달했다. 기적을 만드는 것은 친절이었다. 팀원들과 신뢰의 기반을 쌓은 팀이 성과가 더 좋았던 것이다. 신뢰는 이 팀이 다른 팀과 차별화되는 요인이었다. 팀원들은 생각을 표현하고 위험을 감수하길 두려워하지 않았다. 서로의 말을 경청했으며 잘못을 떠넘기지 않고 서로 도왔다. 그렇게 공동의 목표로 다함께 나아갔다.

이 연구를 통해 생산성이 훨씬 뛰어난 팀에 소속된 팀원들의 행동에는 두 가지 공통점이 있음을 알게 되었다. 즉 각자 생각을 표현하고 자유롭게 의견을 내며, 개개인 모두가 감정 이입 능력이 있었다.

구글의 이 프로젝트가 강조한 두 가지 행동은 하버드 대학교 경영대학원 교수이자 《티밍》의 저자인 에이미 에드먼드슨Amy Edmondson이 '심리적 안정감'이라는 개념을 다룬 연구에서도 나타난다. 팀 내 친절과 감정 이입은 '심리적 안정감'을 갖는 분위기를 만들어 성과를 개선하는 데 기여한다.

방어용 포대 vs. 신뢰의 주춧돌

로랑은 영리한 스타트업 창업자로 자아가 지나치게 뚜렷하고 성격도 강인하다. 일이 제대로 안 돌아갈 때는 원인 제공자를 색출하려 든다. 서슴없이 목소리를 높이고, 말을 자르며, 반대 의견은 손바닥 뒤집듯이 무시한다. 그의 행동은 머지않아 그만한 결과를 낳았다. 팀원들은 자신을 보호하는 데 시간을 썼고 성과는 떨어졌다. 비난받을지 모른다는 생각에 업무에 주도적으로 임하지 않았으며, 절차를 철저히 지키며 어떤 책임도 지지 않으려 했다. 보복이 두려운 나머지 힘든 일이 있어도 입을 꼭 닫았으며 경쟁 상대인 다른 팀이 실수한 '증거'를 수집하느라 귀중한 시간을 허비했다. 간단히 말해 팀원들은 자기 자신을 더 보호하려고 스스로 포대 속에 들어갔고 본질적인 것에서 멀어졌다.

올리비에도 스타트업을 창업했으나 운영 방법은 로랑과 정반대다. 성과에 중점을 두지만 직원들의 말을 충분히 들어주고, 직원들이 어떤 생각을 하고 어떤 어려움을 느끼는지 감안하며, 문제가 무엇인지 이해하려고 노력한다. 팀마다 참여하려는 마음이 강해서 주저하지 않고 의견을 내고 개선 사항을 제안한다. 또한 회사에 경청하는 문화가 자리 잡은 것을 알기에 어려움이 있으면 이야기하고 어떤 감정이 드는지도 표현한다. 좋은 성과는 예상된 일이었다. 팀은 공동의 목표에 집중했으며 모든 직원이 성공의 한 축을 담당했다.

성과와 긍정적 상호 작용의 관계라는 주제를 다룬 연구진은 또 있다. 그중에서도 앞서 언급한 마르시알 로사다 연구진이 가장 유명하다. 그들은 업무 집단을 관찰하면서 가장 좋은 성과를 올렸던 팀은 부정적 상호 작용보다 긍정적 상호 작용이 최소한 세 배 더 많았음을 입증해 냈다. 다시 말해 동료, 팀장이나 거래처 사람들에게 비난이나 반대한다는 시선을 보내기보다 평소에 친절한 행동(미소, 눈빛, 응원, 도움, 친근한 몸짓 등)을 훨씬 자주 한다면 성과를 향상하는 데 기여할 수 있다.

끝으로 미국의 심리학 교수인 애덤 그랜트Adam Grant는 크게 두 가지 유형의 직원들이 존재한다는 이론을 만들었다.

- 대가를 바라지 않으며 끊임없이 주고, 기여하는 사람. 그들은

도움을 주고 지식을 나눈다. 이들은 '주는 사람'이다.
- 무엇인가를 받으며, 자신의 이익을 위해 타인을 이용하고, 활용하는 사람. 이들은 '받는 사람'이다.

애덤 그랜트는 수치 자료를 근거로 제시하며 '주는 사람'은 회사의 귀중한 자원이라는 생각을 지지한다. 그는 조직 행동에 관한 연구 38건의 메타 분석(애리조나 대학교의 나단 퍼드사코프Nathan Podsakoff가 진행한 분석)에 근거하여, '주는 사람'인 직원의 성격과 경영 결과(수익성, 생산성, 효율성, 고객 만족, 비용 절감, 이직률) 사이에 뚜렷한 상관관계가 있다는 결론을 내렸다. 회사 입장에서는 '주는 사람'의 행동을 발전시키는 것이 분명 이익이나 그 길은 멀기만 하다. 다름 아닌 임금 장치가 팀보다 개인의 성과를 강조하며 '받는 사람'처럼 행동하라고 권하기 때문이다.

한편 애덤 그랜트는 프랭크 플린Frank Flynn 교수의 연구를 근거로 들면서 '주는 사람' 중 일부는 성과가 가장 좋은 직원이지만 일부는 성과가 가장 나쁜 직원이라고 경고한다. 애덤 그랜트는 관대함은 어떤 직원을 날아오르게 만들지만 또 어떤 직원은 추락하게 만든다는 결론을 내렸다. 자신의 관대함 때문에 힘들어하는 직원들은 '지나치게' 친절한 사람들이다. 이들은 '받는 사람'에게 이용당하면서도 지나친 관심을 가지며 귀중한 시간을 허비한다. 애덤 그랜트는 회사에서도 부정적인 측면 없이 관대함을 장려하기 위해 '주는 사람'에게 자신을 표현하고 욕구를 말해 보자고 권장한다.

또한 어느 선까지 도움을 줄 수 있을지 스스로 정하고 감정 이입을 할 때도 거리를 두라고 조언한다. 이것은 타인에게 그러듯 자신에게도 호의를 베풀기 위해서다. 다시 말해 '주는 사람'이나 '받는 사람'이 되기보다 '균형을 맞추는 사람'(주는 것과 받는 것 사이의 균형을 추구하는 사람)이 되기 위해서다.

지나친 친절이 업무에 피해를 줄 때

지나치게 친절하면 여러 위험에 놓일 수도 있으므로 주의할 필요가 있다.

- 번아웃에 걸릴 위험 — 계속해서 내어주며, 타인의 고통을 대신 감당하고, 내면의 소리를 듣지 않고 생산해 내기만 하면 완전히 지쳐 버릴 수 있다.
- 균형을 잡을 때 쓰는 막대기를 놓칠 위험 — "가득 찰 때까지 물을 부으면 항아리가 깨져 버린다."라는 유명한 격언처럼 어느 순간 지겹다고 느낀 나머지 갑자기 예상하지도 이해받지도 못할 반응(공격성, 퇴사)을 주위 사람들에게 보일 수 있다.
- 추가 업무를 맡게 됨 — 지나치게 친절한 직원은 동료, 팀장, 사장을 위해 대신 일을 하다가 추가 업무가 쌓여 과도한 업무에 짓눌리므로 업무 효율에 지장이 생긴다.

- **인정받지 못함** — 지나치게 친절한 사람은 항상 세상을 구하고 싶어 하지만 그러다가는 진가를 인정받지 못한다. 사람들이 그런 그의 행동을 기준으로 여기고 거기에 익숙해지기 때문이다. 강도 높은 업무량을 소화하다 보면 과욕을 불러와 회사에서 좋지 않은 평가를 받게 되는 최악의 사태도 생길 수 있다.

스스로를 구하기 위한 변화

폴린은 구매 팀의 팀장이다. 구매 팀의 행정 업무가 제대로 돌아가야지만 거래처에 대금도 지급되고 회계 팀의 업무도 문제없이 진행될 수 있으므로 폴린의 업무는 대단히 중요했다.

지난 번, 조직 개편이 있었고 경영진은 이때를 기회 삼아 폴린의 팀원을 줄이겠다고 했다. 상황이 심각하다는 것은 알았지만 티를 내지 않았던 폴린은 경영진의 말에 스트레스를 받았고 감원 업무를 진행하지 않고 가만히 있었다.

일처리가 늦다는 지적이 나온 뒤에야 폴린의 팀은 재편성되었고 새로 조정된 팀은 마감을 맞추려고 최선을 다해 일했다. 속속들이 일이 진행되었으나 목표를 완벽히 달성하지는 못했다.

이는 곧바로 문제가 되었다. 회계 팀장인 토마는 임원회의에서 폴린을 무안하게 만들었다. 토마는 먼저 이 주제를 꺼내고는 폴린에게 공격과 조롱과 멸시라는 종합 세트를 안겼다. 토마는 자신의 실적이 나쁘면 그 핑계를 대려고 언제나 이런 술책을 썼다. 구매 팀이 그렇게 늦은 것도 아닌데 회계 팀에서 발생한 실적 미달은 모두 구매 팀 잘못이라고 탓했다.

또 이사회에서는 폴린의 팀 결과를 자신이 나서서 발표하기까지 했다. 다행히 폴린과 토마의 상사는 쉽게 속는 사람이 아니었기에 폴린에게 대응할 기회를 줬다. 하지만 폴린은 토마가 한 것처럼 똑같이 반응하고 싶지 않다고 말했다. 그것은 비열한 행동이라고 생각했기 때문이다.

그러나 이렇게 상황을 회피하는 행동은 오래 가지 못했다. 여름휴가 중 폴린이 생각을 바꾸게 된 계기가 있었다. 폴린은 생애 처음 혼란스러운 여름을 보냈고 자존감에 상처가 났다고 느꼈다. 그러다 우연히 처음 본 사람과 대화를 나누며 그의 사연을 듣게 되었다. 그는 직장에서 괴롭힘을 당했다며 "그럴 때는 좋은 감정으로 대해 봐야 소용없고 받은 만큼 돌려 줘야 한다고요!"라고 말했다.

폴린은 충격을 받았다. 그렇게 행동할 생각은 한 번도 해 보지 않았다. 하지만 스스로를 지켜야 했으며 그러지 않으면 무너져 내릴 것 같았다. 휴가에서 돌아와 토마를 상대하는 폴린의 행동은 예전과 달랐다. 폴린은 감춰 놓았던 날카로운 이를 드러내며 토마의 형편없는 실적을 하나하나 냉정하게 따졌다. 그리고 폴린 팀의 일처리가 늦었던 것을 그 이유로 들 수 없다고 정확히 설명했다. 폴린의 목소리 톤은 완전히 달라져 있었다. 토마도 미안하다며 더는 사실을 부인하지 못했다.

폴린은 안정을 되찾았다고 느꼈다. 공격적인 모습을 보이면서 스스로 이 악순환을 끊은 것이다. '가만히 있음-피함-공격적으로 대함'이라는 악순환은 폴린에게 어울리지 않았다. 폴린은 이직을 결심했고 새 회사에서는 처음부터 건강한 관계를 만들고 자신이 감당할 수 있는 한계를 하루 빨리 정하기로 했다.

이 사례는 '친절'하면서도 '도덕'적인 태도를 지키려다가 무시당하고 스스로를 의심하기에 이른 폴린의 모습을 보여 준다. 폴린의 태도는 '지나치게 친절한' 사람들이 보이는 태도로 이런 사람은 마음의 말에 귀를 기울이거나 스스로를 표현하는 방법을 알지 못해 점점 공격적으로 변해 간다.

우리 뇌의 대뇌변연계는 스트레스를 받으면 영어로 3F(freeze, flight, fight)라고 불리는 반사 행동을 작동시킨다. 다시 말해 '얼어붙음', '도피', '싸움'을 말하는데 조상들이 물려준 유산이자 종이 생존하는 데 반드시 필요한 것으로 우리 모두에게 있는 정상적인 반사 작용이다. 습관처럼 하는 행동을 조절하려면 반사 작용으로 나오는 기질을 반드시 받아들이고 인정해야 한다. 이어서 살펴볼 것처럼 '너무 친절하지도, 너무 바보 같지도 않다면' 더욱 균형을 지키고 자기주장을 잘하는 사람이 될 수 있다.

지나치지도 모자라지도 않게

폴린의 사례나 애덤 그랜트가 발전시킨 이론에서 보았듯이 친절한 사람들이 지나치게 친절하지 않고, 자신을 잊을 정도로 타인을 위하지 않으며, 스스로를 표현하는 능력을 갖추는 것이야말로 친절을 강점으로 만들고 더 나은 성과를 거두기 위한 가장 좋은 방법이다. 다른 말로 하면 자기주장을 키우는 것으로 즉, 타인의 욕구와 권리를 침해하지 않은 채 자신의 욕구와 권리를 표현하고 보호하는 능력을 갖추며 '윈-윈 전략'을 추구하는 것이다.

성과를 인정하고 성공을 자랑스러워하자

우리 모두는 회사에서 친절하게 행동하면서도 성과를 인정받을 권리가 있다. 그러기 위해 가장 먼저 해야 할 행동은 스스로 업무를 완수했음을 인식하고 자부심을 갖는 것이다.

Let's do it

연습 1 ― 더는 참지 않겠다고 결심하며 자기주장을 하자

'지나치게' 친절하다면 들어주고 싶지도 않고 들어줄 시간도 없는 부탁을 사람들에게 매번 받게 될 것이다. 그렇게 되면 다른 일을 제쳐 두고, 나를 위한 시간까지 미루며 그 부탁을 들어줄 것이다. 이 상황에서 스스로를 보호하려면 이렇게 해 보자.

- ☐ 이유를 설명하지 말고 그냥 '싫어'라고 말하는 연습을 하자. 어렵게 느껴진다면 중요해 보이지 않는 부탁을 거절하는 것부터 시작하자. 단, 주의할 점이 있다. 그 이유를 설명하거나 5분 동안 비굴하게 사과해서는 안 된다.
- ☐ 어떤 부탁을 받았을 때, 곧바로 수락하지 말고 반드시 생각할 시간을 갖는 습관을 들이자. 솔직한 심정과는 반대로 부탁을 들어줄 것 같은 느낌이 든다면 나의 반사 작용이 먼저 나서지 않도록 결정을 뒤로 미루자. 시간을 가지면 내가 얻을 것과 잃을 것을 한 발 물러서서 생각하고 올바른 결정을 내릴 수 있다.
- ☐ 부탁을 들어주든 거절하든 선택에 대한 책임은 전적으로 자신에게 있음을 기억하자. 자기주장 행동을 발전시키면 끌려 다니기보다 상황을 주도하게 된다. 남을 존중하듯 자신을 존중했을 때 상대방도 나

를 더 존중하는 부수적인 이득도 생긴다.

연습 2 — 팀이 신뢰의 기반을 쌓는 데 동참하자

말은 쉽지만 실천이 어렵다. 특히 자체적인 업무 관행이 자리 잡은 팀에 새로 들어간 경우라면 더욱 그렇다. 나 홀로 기존의 운영 방식을 바꾸겠다고 결심할 상황이 아니라면 이렇게 해 보자.

- ☐ 어떤 환경에서 일하고 싶은지, 또 나와 팀 모두에게 중요한 가치가 무엇인지 말하자. 앞서 살펴봤던 '비폭력대화'를 활용하면 도움이 될 것이다.
- ☐ 팀원들도 뜻을 같이 한다면 다함께 다음과 같은 규칙을 정할 수 있다. 호의적이며 판단하지 않는 분위기에서 각자 의견을 제시하고, 서로 돕고 협동할 것을 권장하며, 조직에서 배제되는 사람이 없도록 한다.
- ☐ 모범을 보이자. 나는 타인을 변화시킬 수 없지만 그들을 대하는 자신의 방식은 바꿀 수 있으며 결국 그들의 행동 방식에도 영향을 줄 수 있다. 이제 타인을 존중하면서 스스로를 표현하는 수단을 터득하였으니 이를 시험해 볼 순간이다.
- ☐ 투명하게 드러내자. 의견을 말하지 않으면서까지 동료의 사정을 봐주는 것은 나에게도, 팀에게도 좋은 해결책이 아니다. 자유로운 소통을 했을 때 어려운 시기가 오더라도 모두가 발전할 수 있다.
- ☐ 차이를 인정하고 받아들이자. 차이점 속에서 결점을 보려 하지 말고 이 차이점이 회사에 어떤 영향을 줄지 상상하려 노력하며 사람들을 호의적으로 대하자. 사람들과 관계를 맺기 위해 열린 마음으로 차이를 받아들이며 타인을 알아가는 법을 배우자. 상대방의 말을 주의 깊

게 듣고 관심을 보이면, 그와 더 효율적으로 일하는 법도 터득하게 된다.

신뢰의 기반이 쌓이면 친절에 비옥한 자양분이 된다. 회사에서도 친절을 표현할 수 있고 이를 바탕으로 개인과 단체의 성과 모두 크게 향상될 수 있다.

연습 3 — 동료들에게 긍정적인 피드백을 해 주자

'피드백'이라고 하면 상사가 훈계를 하거나 직원이 한 일의 개선 방향을 짚어 주는 상황이 가장 먼저 떠오른다. 하지만 피드백은 이보다 더 강력하며 상사만 할 수 있는 부정적인 행동도 아니다. 좋은 행동(중간에 투입되었는데도 일을 성공적으로 마무리했을 때, 혁신적인 아이디어를 냈을 때, 사람들 앞에서 발표를 했을 때, 서로 도왔을 때 등)을 눈여겨보고 칭찬하는 것도 피드백이므로 모두가 피드백을 줄 수 있다. 동료를 축하하거나 상사에게 축하 인사를 보내며 긍정적인 상호작용을 한다면 강력한 동기 부여가 된다.

연습 4 — 고마움을 표현하자

고마움을 느끼고 표현하면 개인이나 집단 모두에게 이롭다. 상대방의 행동이 나와 팀에게 어떤 도움을 주었는지 명확히 전하면서 직접 이야기하거나 메일을 보낸다. 아니면 책상에 짧은 메모를 남겨 고마움을 표현해도 좋다. 그리고 공개적으로 감사할 기회가 생긴다면 주저하지 말고 감사의 뜻을 표현하자. 그러면 효과가 훨씬 커질 것이다.

흔히 감사할 일이 있으면 곧바로 표현해야 한다고 생각하지만 시기는 그렇게 중요하지 않다. 누군가에게 감사할 기회를 놓쳤다는 것을 알았다면 나중에 표현해도 된다. 고마움을 표현하는 데 늦은 때란 절대 없다. "고맙습니다."라는 나의 한 마디는 팀장과 동료는 물론, 건물을 청소하는 미화 담당 직원들도 기쁘게 만들 것이다.

연습 5 — 축하하는 자리를 가져 보자

회사에서는 한 가지 목표를 달성하면 즉시 다음 목표로 넘어가므로 일상적인 사소한 업무를 성공적으로 처리한들 관심을 보이지 않는 경우가 많다. 정말 안타까운 일이다. 좋은 성과를 축하하는 시간을 가지면 스스로 긍정적인 기분을 느낄 수 있으며 팀도 더 끈끈해지는 원동력이 되기 때문이다.

사소한 것이라도 개인과 팀의 성과를 축하하는 자리를 만들자고 제안해 보자. 구체적인 방법은 다음 아이디어 중에 고르거나 새로운 아이디어를 제시해 볼 수 있다.

- ☐ 일주일에 한 번 팀 회의를 시작할 때 '한마디씩 돌아가며 성과를 축하하거나 칭찬하는 시간'을 갖는다.
- ☐ 팀원들이 자신이 거둔 성과를 나누고 싶을 때, 포스트잇에 써서 붙일 수 있는 '성과의 벽'을 만든다.
- ☐ 성과를 축하하는 자리를 계획하거나 즉흥적으로 준비한다. 야유회, 레스토랑에서 식사하기, 술 한 잔 하기, 작은 선물 주기 등이 있다.

동료들과 대화해 보면 분명 더 많은 아이디어가 나올 것이니 꼭 한 번 실행해 보자.

아홉 번째 틀 깨기

좋은 사람들이
항상 먼저 간다

왜 이런 믿음이 널리 퍼졌을까?

장례식장에 가면 "좋은 사람들이 항상 먼저 가더라."라는 말을 한다. 반대로 정말 못된 사람이 최장수 신기록을 세우면 "나쁜 열매는 썩지도 않는다더니."라는 말을 한다.

이 표현들은 어디서 유래했을까?

우리는 불안을 유발하는 텔레비전 뉴스나 사람들을 현혹하려고 보도에 열을 올리는 신문의 자극적인 기사에 더 많은 관심을 보인다. 이러한 경향은 선사 시대에서 그 기원을 찾을 수 있다. 당시 인간은 끔찍한 위험에 놓여 있었다. 근육도, 치아도, 발톱도 별로 없던 인간은 무서운 동물들에 맞서 살아남아야 했다. 뇌는 당연히 생존 시나리오를 짜기 위해 앞으로 닥칠 위험과 장애물에 몰두했으므로 우리의 조상들은 삶의 소소한 즐거움에 관심을 가질 틈이 없었다. "나뭇가지가 움직이면 피해야 할까, 아니면 가만히 있어야 할까?" 선사 시대 사람들은 살아남았으므로 이 경향이 그 당시에는 성공적이었지만, 21세기에는 짊어지기 무거운 유산이 되고 말았다. 지금은 그때 같은 위험이 없는데도 현대인의 뇌는 이 특성을 보존하고 있다. 혹시 출근길에 날카로운 이를 드러내는 호랑이를 마주친 적이 있는가?(이것은 분명히 하자. 송곳니가 조금 튀어나오고 인상이 험악한 여러분의 상사를 말하는 것은 아니다!)

 이러한 초기 인류의 성향은 엄청난 양의 정보를 접하는 현대인의 뇌가 정보 속에 허우적대지 않으려고 정보를 선별하는 과정을 통해 더욱 강화된다. 뇌간망양체가 필터 역할을 하며 정확하다고 판단된 정보들, 다시 말해 우리 생각이 맞는다고 확인해 준 정보들을 의식에 전해 준다. 그렇기 때문에 잘못된 믿음도 우리 의식에는 틀림없는 진실로 새겨질 수 있다.

 착하다는 평을 듣는 사람이 일찍 세상을 떠나거나 모두가 치를 떠는 못된 사람이 장수를 했을 때, 우리는 부당함에 분노하고 이를 기억 속에 저장한다. 나머지 일은 뇌간망양체가 알아서 하므로, 결국 "좋은 사람들이 항상 먼저 간다."라는 격언이 맞는 말이라고 설득당한다.

 우리 저자들은 사실을 전하기 위해 부고란을 싹싹 긁어모아 보았다. 그리고 이번 기회를 통해 친절을 상징하는 유명인 중에도 장수한 사람들이 꽤 있다는 것을 알게 되었다. 마더 테레사 87살, 아베 피에르 94살, 넬슨 만델라 95살…….

이처럼 몇 가지 예시만 봐도 착하고 친절하다고 요절하는 것이 아님을 알 수 있다.

하지만 여러분의 머릿속에는 여전히 착한 사람이란 세상 모든 사람을 걱정하고, 불안해하고, 스트레스를 받아 건강을 해친다는 이미지가 남아 있을 것이다. 만약 이 이미지가 완전히 틀렸다면 어떨까?

친절의 간단한 방정식 ― 스트레스는 적게, 행복은 많이

뜻밖에도 여러 측면에서 친절은 스트레스를 예방하는 훌륭한 수단임이 확인되었다.

타인을 친절히 대하면 스트레스 수준을 낮출 수 있다

예일 대학교 연구진은 타인을 친절히 대하면 스트레스 수준을 낮출 수 있음을 입증했다.[18]

연구진은 18살에서 44살 사이의 지원자 77명을 대상으로 실험을 했다. 이들에게 기분이 어떤지, 타인과 어떤 상호작용을 했는지, 어떤 감정을 느꼈는지, 매일 이런저런 일을 겪으며 얼마나 스트레스를 받았는지 2주 동안 성실하게 일기를 쓰게 했다.

연구진은 일기장을 분석한 결과, 친사회적인 태도와 스트레스를 받았을 때 느끼는 감정 사이에 상관관계가 있음을 알아냈다. 소소하더라도 친절한 행동을 하면 스트레스를 받았을 때 부정적인 감정은 줄어들고 긍정적인 감정이 늘어서 기분이 좋아진다.

과학자들은 모순 어법을 활용하여 이 현상에 '이기적인 이타주의'라는 이름을 붙였는데 이 말은 좋은 일을 하면 나 자신에게 이롭다는 뜻이다. 심리학자뿐만 아니라 내분비학자들도 이 현상에 주목했다. 1970년대 한스 셀리에Hans Selye는 타인을 다정하고, 호의적이며, 관대하게 대하면 기분이 좋아지고 신체적으로도 스트레스 호르몬인 코르티솔 분비가 낮아진다는 사실을 입증했다.[19]

선행을 행하면 이롭다는 사실이 입증되다

최근의 신경 과학 연구 결과들도[20] 앞서 언급한 연구 결과에 힘을 실어 준다. 촬영된 의료 영상을 관찰한 뒤, 우리 뇌에는 협동적이고 관대한 모습을 보일 때 활성화되는 보상 영역과 행복 영역이 있음을 확인한 것이다.

뤼베크 대학교, 시카고 대학교, 취리히 대학교 신경생물학자 국제 연구진은 관대함과 행복의 감정이 뇌에서 연결되어 있다는 것을 처음으로 정립해낼 수 있었다. 실험을 위해 지원자 50명을 모집했으며 먼저 개인의 행복도를 평가하는 질문지에 답하게 했다. 그리고 실험 기간 동안(1달) 피험자 전원에게 한 사람당 매주 23유로를 주겠다고 했다. 피험자 중 50%에게는 자기 자신에게 소소한 기쁨을 선사하는 데 그 돈을 쓰라고 했고, 나머지 50%에게는 주위 사람들을 기쁘게 하는 데 쓰라고 했다.

실험 후반부에는 두 그룹의 피험자들에게 (앞으로 몇 주간 23유로를 써서 기쁘게 해 주고 싶은 사람을 제외한) 다른 사람을 직접 정하고 만약 그에게 돈을 주라는 지시를 받는다면 따를 것인지 물었다. 그러면서 그들의 뇌를 기능적 자기 공명 영상 기법fMRI으로 촬영하며 관찰했다. 그리고 각 참가자의 개인 행복도를 다시 측정했다.

연구 결과는 분명했다. 연구진은 타인을 위해 23유로를 쓰라는 요청을 받은 사람들이 실험 후반부에 더욱 관대한 모습을 보였으며 행복도 역시 높아졌음을 확인했다.

- 더 관대한 사람의 뇌 영역(측두정엽)은 덜 관대한 사람에 비해 활성화되었다.
- 돈을 주겠다는 상상을 할수록 측두정엽과 배쪽선조체 사이의 연결이 자극을 받았다. 그 영향으로 그들이 느끼는 행복도 또한 배쪽선조체의 자극에 비례해서 증가했다.

이 발견을 하기 전까지는 이 구조들(측두정엽과 배쪽선조체)이 연결되어 있고 뇌 속에서 행복과 관대함이 관련이 있다는 것을 알지 못했다.

이로써 친절하면 스트레스를 받고 불행하다는 고정 관념은 과학적으로도 완전히 거짓임이 입증되었다. 누군가를 위해 나의 자원을 희생하는 것은 경제학 관점에서는 비이성적인 행동으로 여겨질 수 있지만 생물학 관점에서는 실제로 유익한 것이다.

노인이 들고 있는 장바구니를 대신 들고, 대중교통을 이용할 때 임산부에게 자리를 양보하고, 마트 계산원에게 미소를 짓는 것. 뒷사람을 위해 건물 출입문을 잡아 주고, 앞서 가는 사람이 바닥에 떨어뜨린 물건을 주워서 돌려주고, 동료와 달달한 간식을 나눠 먹는 것. 이는 사소하지만 우리에게 이로운 친절한 행동이다.

그렇다면 나를 기분 좋게 만들어 줄 방법은 무엇일까?

이기적인 이타주의를 넘어 친절의 장점을 누릴 방법은 또 있다. 스스로를 친절히 대하는 것이다. 스스로에게 연민을 느끼면 심박수가 안정되고 스트레스를 이길 수 있다.

직장에서 펑펑 눈물을 쏟은 날

나는 유명한 건설사에서 중책을 맡고 있다. 지금까지 일하면서 긴장이 고조되는 상황을 수없이 경험했다. 최근에는 견딜 수 없을 만큼 압박감이 심해서 이사회에서 내 기분을 드러내고 말았다. 감정이 격해져서 눈물을 보인 것이다.

하지만 이사회를 마치자 안정이 되면서 나 자신에게 연민과 관대한 마음이 들었다. 그 덕분에 상황을 극복하고 더 나은 환경에서 일할 수 있었다. 누군가는 눈물을 보이는 것을 약점으로 여길 수 있지만 나는 울었다는 사실을 인정했고, 자괴감에 빠지지 않았으며 그래서 뿌듯했다.

안느

안느의 경험담은 강한 여운을 남기며 엑서터 대학교 학자들의 연구[21]를 떠올리게 한다. 연구진은 자신을 긍정적이고 호의적으로 대할 때 생기는 장점을 파악하려고 대학생 135명을 대상으로 실험을 했다. 피험자들의 심박 수와 흘린 땀의 양을 측정해 보니 스스로를 친절히 대하라는 요청(가령 스스로를 칭찬하기)을 받은 피험자들은 긴장이 훨씬 풀어졌으며 자신뿐만 아니라 타인에게 많은 연민을 느꼈다.

반면에 자신을 비판적으로 대하라는 요청을 받은 피험자들은 스트레스를 많이 보였으며 심박 수도 더 높았고 땀도 많이 흘렸다.

즉, 남과 나를 친절히 대하면 스트레스가 줄고 행복도가 높아지며 스스로에 대해 가진 이미지도 좋아진다. 그러니 친절이 우울증의 특효약이라고 해도 놀랍지 않다.

우울증에서 벗어나기 위해 친절을 활용하자

전 세계 우울증 환자 수는 꾸준히 늘고 있다. 세계보건기구WHO가 측정한 결과, 2005년에서 2015년 사이에 우울증 환자는 18% 넘게 증가하여 오늘날 3억 명이 넘는다. 어느 나라에나 우울증을 앓

앓거나 앓고 있으며, 또는 앞으로 앓게 될 사람들이 수없이 많다.

우울증에 맞서 싸우기 위해 환자들에게 적용하는 치료법 중에는 심리 치료가 있지만, 정신 건강 병원에서는 약물 치료를 위해 항우울제를 처방한다. 대부분의 항우울제는 '행복 호르몬'이라고 불리는 세로토닌이 만들어지게끔 화학적인 자극을 가한다. 하지만 소소한 선행을 하는 것만으로도 세로토닌이 자연적으로 생성되도록 충분히 자극을 줄 수 있다.[22] 선행을 하는 사람, 선행을 받는 사람 모두 마찬가지다.

약 없이도 무료로 손쉽게 우울증에서 자신을 보호할 수 있는 것이다. 봉사활동에 참여하면 우울증에 훨씬 좋은 효과를 볼 수 있다.

2001년 과학 전문지 〈건강사회행동저널Journal of Health and Social Behaviour〉[23]에 게재된 여러 연구에서도 봉사활동은 우울증을 예방하는 효과가 있다고 평가했다. 봉사활동을 하는 사람들은 삶의 질과 자존감이 높아졌으며 훨씬 행복하다고 느꼈다.

단, 남을 위한 헌신의 커서가 올바른 곳을 향하도록 주의하자. 일정 시간(1년에 100시간 정도)을 넘어가면 봉사활동의 장점이 사라지기 때문이다.

친절은 심혈관 질환에 맞서기 위한 수단

심혈관 질환은 스트레스 때문에 생기는 경우가 많기에 마음이 넓은 사람은 걸릴 일이 적다고 해도 놀라울 것은 없다.

앞에서 살펴보았듯이 봉사활동은 우울증을 이겨 내는데도 좋지만 심혈관 질환을 예방하는 긍정적인 효과도 있다는 것이 연구를 통해 입증되었다. 밴쿠버의 브리티시 컬럼비아 대학교는 심혈관 문제의 전조는 청소년기부터 나타날 수 있다는 근거에서 출발하여 고등학생 106명을 대상으로 연구를 진행했다.[24]

106명 중 53명은 동네 초등학생들과 함께하는 활동에 일주일에 한 시간을 할애했다. 그리고 연구에 참가한 각 피험자의 체질량 지수, 콜레스테롤, 염증 수준을 측정했다.

10주 후, 봉사활동을 한 고등학생들의 체질량 지수, 콜레스테롤 수준, 조직의 염증 정도는 봉사활동을 하지 않은 고등학생들보다 낮았다. 이처럼 봉사활동은 심혈관 건강에 긍정적인 영향을 준다.

질병을 예방하는 친절의 좋은 아군, 용서

타인을 친절히 대하는 방법, 다시 말해 심혈관계 건강을 지키는 또 다른 방법은 용서다.

누구를 원망하고 어떤 상황을 머릿속에서 계속 되뇌는 것이 우리에게 좋을 것이 없음은 이해할 수 있다. 이 모습을 생생하게 비유한 프랑스어 표현으로 '자신의 피를 갉아 먹다'가 있다. 19세기에 등장한 이 표현에서 '피'는 몸과 신체 기관 전체를 나타낸다. 자꾸만 불안해하며 응어리를 곱씹으면 말 그대로 자신의 내면을 '갉아 먹는다'. 이 때 우리를 구해 주는 것은 용서다. 용서하는 우리도, 용서받는 사람도 여기에서 벗어날 수 있다.

과학자들도[25] 용서가 심혈관계에 가져다주는 장점이 무엇인지 궁금했다. 그래서 피험자들에게 마음속으로 공격당하는 상황을 그려 보라고 했다. 처음에는 복수하는 상상을 하라고 했고, 그다음에는 나를 공격한 사람도 고통받는 인간이라고 설득하며 용서하고 감정 이입을 해 보라고 했다.

실험 내내 심장 박동과 혈압을 측정했더니 첫 번째 단계에서는 심장 박동이 빨라지고 혈압도 높아졌다. 하지만 두 번째 단계에서는 심장 박동이 금세 안정되고 혈압도 낮아졌다.

친절이 수명에 미치는 긍정적인 영향

친절은 수명에 두 배의 효과를 준다. 친절을 행하는 사람뿐만 아니라 친절로 혜택을 받는 사람에게도 그 영향이 가기 때문이다.

여러분이라면 괴팍한 이웃집 할머니와 친절한 마더 데레사 중 누구와 함께 저녁을 먹고 싶을까?

뭐라고 대답할지 우리 저자들은 맞힐 수 있다! 당연히 이기적이고 부정적인 사람보다 친절한 사람과 시간을 보내고 싶어 할 테니까 말이다. 여러분이 몇 살이든 상관없이 주위에는 좋은 사람들이 많아야 하며, 이는 나이가 들수록 더 중요해진다. 지인들을 친절히 대한다면 그들도 오래도록 여러분을 응원할 것이다.

주위에 사람이 많을수록 생각지 못한 건강상의 문제가 생겼을 때 도움을 받을 수 있다. 지인들은 구체적인 방법으로 도움을 줄 뿐만 아니라 정신적으로도 큰 힘이 된다. 이것은 노년이 가까워질수록 더 중요하다. 주위에 사람이 많으면 병에 걸린 것을 쉽게 파악할 수 있고 적절한 치료를 받을 수 있다. 친절을 행한 사람도 정신적으로나 감정적으로 자극을 받아 이를 좋은 계기로 삼으며 자신을 잘 챙겨야겠다고 생각하게 된다.

친절이 수혜자의 건강에 긍정적인 영향을 준다는 것을 잘 보여주는 실험이 있다. 1978년에 수행한 실험으로 실험 대상은 토끼였다. 똑같은 유전 소질을 지닌 토끼들에게 비슷한 먹이를 먹였지만 결과적으로 토끼들의 건강 상태는 크게 달라졌다. 연구 책임자 로버트 네렘Robert Nerem 박사는 한 그룹의 토끼들에게서 심장마비와 뇌졸중 발병 위험이 크게 낮아졌음을 확인했다. 다른 그룹의 토끼들과 다른 결과를 보였던 이유는 무엇일까? 토끼들을 보살핀 연구진의 행동 때문이었다. 연구진은 그 그룹의 토끼들에게 먹이만 주는 데 그치지 않고 말을 걸며 정성을 다해 보살폈다. 연구 결과를 보완하려고 다른 토끼들을 대상으로 실험을 반복했으나 결과는 같았다. 친절은 동물의 건강 상태와 수명의 변화에 영향을 미쳤다.

비슷한 결과는 인간에게도 관찰되었다. 컬럼비아 대학교의 켈리 하딩Kelli Harding 교수는 책 한 권[26]을 이 주제에 할애하며 친절은 사람들을 더 행복하게 오래 살게 해 준다는 것을 입증했다. 버펄로 대학교, 그랜드밸리 주립대학교, 스토니브룩 대학교 연구진도 1987년부터 1994년까지 수행한 〈노년 부부의 생활 변화Changing Lives of Older Couples〉 미래 전망 연구[27]를 통해 살면서 스트레스를 받는 일을 겪을지라도 연민과 장수 사이에는 강한 상관관계가 있음을 입증했다.

친절은 다른 사람에게 전염된다

이 점은 우리도 본능적으로 알고 있다. 길을 건너려는데 과속 운전하는 차량에 치일 뻔하고, 엎친 데 겹친 격으로 지하철에서 발이 밟혔는데도 사과도 못 받은 상황에서, 직장 동료까지 '깜빡하고' 인사를 하지 않는다면 기분이 나빠진 것에 대한 모든 화살은 그 동료를 향할 것이다. 우리는 쌓아놨던 화를 있는 대로 그에게 쏟아낼 것이다. 반대로 대중교통을 이용하다 휴대폰을 떨어트렸는데 모르는 사람이 주워 주며 미소를 짓고, 마트에서 진열대 맨 위에 있는 물건을 집으려는데 누가 스스럼없이 도와준다면 우리도 길을 헤매는 사람을 보았을 때 기꺼이 안내해 줄 것이다(어쩌면 목적지까지 같이 가줄지도 모른다).

긍정적이든 부정적이든 감정은 전염성이 무척 강하며, 친절도 그렇다. 우리가 누군가를 친절히 대하면 그도 다른 사람을 친절히 대하며 그 사람은 또 다른 사람에게 친절한 행동을 퍼트린다. 이렇게 계속하다 보면 친절이 친절을 낳으며 점점 퍼져 나갈 것이다.

누구나 경험했을 법한 이 현상은 과학으로도 충분히 검증되었다. 자크 르콩트Jacques Lecomte[28]가 설명한 실험에서는 한 사람에게 건물 입구를 막고 담배를 피우라고 했다. 그리고 '무례한 상황'을 가정하고, 건물에 들어가려는 사람이 있어도 비키지 말라고 했다. 반대로 '예의바른 상황'에서는 입구에서 비키며 사과하라고 했다. 마지막으로 '통제 상황'에서는 입구를 막지 않고 문 옆에서 담배를 피우라고 했다.

한편 건물 안에 들어온 사람은 바닥에 서류를 떨어트린 여대생과 마주치게 했다.

통제 상황에서는(중립적인 감정 상태와 비슷하다고 할 수 있음) 사람들의 21%가 여대생이 서류를 줍는 것을 도왔다. 무례한 상황에서는 이 수치가 13%로 떨어졌고 예의바른 상황에서는 43%로 치솟았다.

마음껏 친절을 베풀고, 다른 사람들도 함께하게 하자

친절은 건강에 좋으니 기쁜 마음으로 친절을 베풀자. 나 자신과 주위 사람들을 위해 친절을 키우기 위한 열쇠는 이미 소개했다. 미소 짓기, 진심을 담아 칭찬하기, 의식적으로 착한 일하기, 봉사활동하기, 주위 사람들에게 소소한 관심 보이기 등등.

올바른 친절을 키우고 다른 사람들에게도 그렇게 하고 싶다는 자극을 줄 수 있는 좋은 연습들이 있다. 실천하기 쉬운 몇 가지 방법을 소개한다.

감사함을 느끼고 표현하자

누군가에게 감사를 전하면 두 가지 효과를 보게 된다. 먼저 그 사람에게 무엇을 받았는지 깨닫게 된다. 그러면 기쁜 마음이 들고 긍정적인 기분을 느낄 수 있으며 만일 그가 일부러 노력을 기울여야 했다면 여러분은 그 행동을 더 가치 있게 느낀다. 그리고 감사함을 표현하는 것도 친절한 행동이므로 친절에 내재된 모든 이점을 누릴 수 있다. 상대방은 여러분이 관심을 보인 데 감동할 것이다. 그렇게 친절이 퍼져 나가는 것이다.

모르는 사람이나 아는 사람 또는 친한 사람들에게 일상적으로 고맙다고 표현하자. 그럴 때마다 "고맙습니다."라고 말하고 끝나는 대신 고마운 이유를 생각하게 되고 그 이유를 적극적으로 설명하게 된다.

누가 무언가를 알려 주었거나 일을 도와줬다면 얼마나 큰 도움이 되었는지 설명하면서 감사를 전하자.

"……해 주셔서(행동 묘사하기) 감사합니다. 왜냐하면……(고마운 이유 설명하기)."

이 방법을 실천하면 타인에게 전해지는 감사의 효과와 스스로가 느끼는 효과가 10배 더 커질 것이다.

여기서 한 걸음 더 나아가고 싶다면 감사의 글을 써도 된다. 문자를 보내거나 메일을 남긴다면 받는 사람은 분명 기뻐할 것이다.

감사 편지를 써 보라고 권하는 심리학자들도[29] 있다. 고마운 이유를 적어 보는 시간을 가지면 이를 의식적으로 더 생각하게 되어 긍정적인 감정도 불어난다. 편지를 다 썼다면 다음 행동 중 하나를 선택할 수 있다.

- 감사함이 주는 첫 번째 이점을 이미 누렸으니 편지는 보내지 않는다.
- 편지를 보내고 반응을 기다린다.
- 상대방과 약속을 잡고 편지를 직접 읽어 준다. 효과가 보장되는 가장 좋은 방법이다. 단, 잊지 말고 티슈나 손수건을 챙겨 가자.

회사에서도 서로 감사하며 이를 표현하자고 장려하는 것이 좋다. 보이지 않는 곳에서 열심히 일하는 직원들이 많지만 사람들은 '이제야 제대로 굴러가네, 이게 정상이지!'라고 생각하며 일이 잘 안 돌아갈 때만 그들을 불러낸다. 우리 저자들은 이런 경향을 바꿔서 모든 일이 잘 돌아갈 때도 그들에게 감사하다고 했으면 좋겠다.

평범한 음식도 따뜻하게 데워 먹으면 맛있듯이 감사도 마찬가지다. 누군가에게 감사할 기회를 놓쳤다면 예전으로 다시 돌아가자. 다음 사례가 보여 주듯 늦은 때란 없다.

잊지 않은 친절의 기억

로랑스는 몇 년 전부터 마트 체인점에서 계산원으로 일하고 있었다. 전공으로 배웠던 비서 업무를 활용해 보고 싶은 마음에 보직을 바꾸길 원했지만 관리자는 안 된다고 했다.

새로운 팀장으로 비르지니가 왔고 얼마 후 로랑스는 비르지니에게 자신의 계획을 말했다. 비르지니는 예전 팀장과는 다른 태도를 보였고 로랑스와 함께 일하기로 결정했다. 그리고 두 사람의 직장 생활은 180도 달라졌다. 로랑스는 비르지니가 자신에게 해 줬던 일을 절대 잊지 않았다.

10년 뒤, 로랑스는 SNS에서 우연히 비르지니를 만났다. 너무나 기뻤던 로랑스는 지난 10년간 이뤄낸 일을 말하며 큰 뿌듯함을 느꼈다. 모두 비르지니가 처음에 도와준 덕분에 가능했다. 로랑스는 감사하다고 했고 그 당시 느꼈던 긍정적인 기분을 다시 느꼈다. 뿌듯함, 즐거움, 열정, 흥분…….

비르지니도 로랑스를 도와준 일이 분명히 기억났지만 로랑스의 인생이 이렇게 바뀔 줄은 상상도 못했다. 로랑스가 느꼈던 감정이 다 전해지자 비르지니는 눈물이 났다.

감정 이입 능력을 기르자

이야기를 귀담아듣는 친절한 사람에게 고민을 털어놓고 싶을 만큼 속상했던 경험은 누구나 있지 않을까? 하지만 돌아오는 대답은

"별 거 아니네. 이렇게 해 봐."라든가 더 심하게는 "뭐, 그렇게 안했다고? 나라면 이렇게 했을 텐데."가 대부분이다.

적절한 대답은 아니지만 흔히 들을 수 있는 대답이다. 누군가의 고민을 들은 사람은 어느새 문제에 대한 해결책을 찾아주려고 노력하지만 도움을 요청한 사람이 반드시 해결책을 필요로 하는 것은 아니다.

성급하게 조언하지 않고(해답이 그리 간단했다면 도움을 요청하지도 않았을 것이다) 상처를 칼로 후벼 파지도 않으면서 그저 귀 기울여 주고 위로해 주는 사람을 찾기란 쉽지 않다.

친절이 무엇인지 안다면 사심을 버리고 어떠한 판단 없이 타인의 말에 진심으로 귀를 기울일 수 있으며 호의를 보이며 감정 이입을 할 수 있다.

어떤 사람들은 남들보다 감정 이입을 잘해서 타인의 느낌을 이해하고 스스로도 같은 감정을 느끼는 능력이 무척 뛰어나다. 타인을 이해할 수 있으며 타인의 입장에서 생각할 수 있다. 다시 말해 그저 듣는 것만으로도 타인을 도울 수 있다.

엇갈림

65살인 샤를은 사냥을 좋아한다. 개들을 데리고 드넓은 야외에 나가 자연을 만끽하는 것이 좋다. 아침에 나가면 그야말로 살아 있음을 느낀다. 옆집 아주머니에게 점심 초대를 받은 샤를은 그 집 아들인 22살의 폴과 자신의 취미인 사냥 이야기를 나눴다.

폴은 관심을 보이며 이것저것 물어봤고 샤를이 나중에 사냥하러 갈 때 부르겠다고 하자 한껏 들떠서 정말 가보고 싶다고 했다.

며칠 뒤, 샤를은 좋은 소식을 전하려고 옆집 아주머니에게 전화를 걸었다. 폴이 사냥을 해 볼 수 있도록 준비해 두었다는 것이었다. 옆집 아주머니는 아들인 폴에게 이 소식을 전했지만 아들이 지난번 샤를과 나눈 이야기도 기억하지 못하며 아무 관심 없다고 코웃음을 쳤다. 이에 옆집 아주머니는 샤를에게 댈 핑계를 짜내느라 고생해야 했다.

흥미로운 것은 이 사례를 접한 사람들은 코웃음을 친 폴의 입장이 아니라 샤를의 입장에 선다는 것이다. 결말이 어떻든 간에 샤를이 어떤 기분일지는 상상이 간다. 샤를은 자신의 취미를 공유했으며, 관심을 보인다고 생각했던 청년을 즐겁게 해 주려고 자신이 다니는 사냥 연맹에 연락해 지루한 행정 절차를 밟았다.

하지만 폴은 샤를에게 감정 이입을 하지 않았으며 진심으로 관심이 있는 것도 아니었다. 샤를과 나눈 대화를 전혀 기억하지 못했고 샤를을 비웃기까지 했다.

감정 이입이란 상대방에게 관심이 있다고 믿게 만드는 것이 아니라 정말로 관심을 가지는 것이다. 또한 나의 판단에서 벗어날 수 있다는 것이다. 우리 뇌는 우리가 주의를 기울이든 그렇지 않든 자신만의 준거 기준이라는 프리즘을 통해 상황을 분석하며 시간을 보낸다. 여러분이 누가 하는 말을 들으며 속으로 그를 비웃는다면 그 사람의 반응까지 좋게 여겨지지 않아 그를 대하는 행동이 달라질지 모른다. 길거리에서 행인을 마주치면 옷차림, 걸음걸이, 입을 크게 벌리며 껌을 씹는 모습을 관찰하고 의식적으로 판단한 뒤, 그를 천박하거나 품위 있는 사람으로 단정 짓는다. 정리하면 인간은 누구나 자신의 기준과 경험에 따라 자신만의 판단을 내린다.

나만의 판단에서 멀어진다는 것이 쉽지는 않지만, 감정 이입 능력을 기르고 진심으로 경청하며 모든 것을 내 위주로 생각하지 않으려면 반드시 필요하다.

흔히 사람들과 대화를 나누다 보면 자신의 입장이나 경험으로 대화 흐름을 유도하는 경향이 있다. 자기중심적인 성향이 적은 사람도 자연스럽게 "아, 맞아. 나도 그랬는데." 하면서 말을 꺼낸다. 이러면 상대방의 이야기를 집중해서 들었으며 상대방과 같은 느낌을 느꼈다고 표현하는 것이라고 생각하기 때문이다.

하지만 이러한 반사 반응은 자기 자신에게만 집중하게 만들어 상대방과 멀어지게 한다. 내 이야기를 생각하기 시작하면 상대방의 이야기에 몰입할 수 없다. 사람들은 말하는 도중에 누가 끼어들면 기분 나빠하고 자신도 자기중심적인 사람으로 보이면 어떡하나 걱정되어서 말을 꺼낼 엄두를 내지 못한다.

안아 주자

이번 장에서 살펴보았듯이 아주 간단한 것(예를 들면 미소)에서부터 더 적극적인 것(봉사활동 참여)에 이르기까지 착한 행동을 하면 자신과 타인의 건강에 유익하다.

그리고 아직 말하지 않은 친절의 또 다른 방법이 있다. 바로 신체적 친밀함(예를 들어 동료의 어깨에 손 올리기)을 표현하거나 온기를 전하는 방법이다.

인간은 성숙해지기 위해 어릴 때부터 다른 사람들을 절실히 필요로 하며 신체적인 접촉도 해야 하는 사회적 동물이다.

이러한 아동의 욕구를 연구한 초기 과학자 중에는 애착 이론을 세운 정신 의학자이자 정신 분석가 존 볼비John Bowlby가 있다. 그는 1940년부터 유럽과 미국의 고아들을 관찰한 후, 안정적 애착은 신생아의 발달에 없어서는 안 될 필수 욕구임을 입증했다.

애착 이론을 검증하고 싶었던 학자가 있었다. 해리 할로Harry Harlow라는 미국 심리학자였다. 그가 진행한 실험은 결과뿐만 아니라 잔혹성으로도 유명했다. 그는 새끼 원숭이들이 어미 원숭이와 떨어지면 어떤 행동을 보이는지 연구하려고 마카크속 새끼 원숭이들을 우리에 격리시키고 물건 두 개만 넣었다. 먹이가 나오는 젖병과 마카크속 어른 원숭이를 닮은 천 인형이었다. 이 인형은 먹이는커녕 원숭이에게 아무것도 주는 것이 없었다. 하지만 새끼 원숭이들은 꽉 찬 젖병보다 인형을 더 좋아했고 온기 비슷한 것이라도 얻으려고 인형을 꽉 쥐었다. 실험의 두 번째 단계에서 해리 할로는 새끼 원숭이들을 더 작은 공간에 가두고 먹을 것과 마실 것만 놔뒀다. 외부의 모든 접촉과 자극이 차단되자 많은 새끼 원숭이들이 죽어 갔다. 해리 할로는 저서 《사랑의 본질 *The Nature of Love*》에서 아이와 엄마를 잇는 애착 관계는 반드시 필요하다고 자세히 기술했다. 그러면서 새끼 원숭이들은 엄마를 대체하는 금속과 천 인형 중에서 먹이를 주는 금속보다 먹이는 주지 않지만 천 인형을 더 좋아했다고 설명했다.

잔인한 금지

코로나-19가 세계적으로 유행하자 나도 몇 가지 증상이 나타나서 즉시 집에 격리되었다. 보건 당국은 아내와 두 딸을 보호하기 위해 지켜야 할 수칙을 분명히 알려 주었다. 내가 받은 요구 사항은 다음과 같았다.

☐ 아내와 같이 자지 말기
☐ 가족과 1미터 이상 거리 두기
☐ 가족과 한 방에서 먹지 말기
☐ 가능하면 욕실을 따로 쓰고 불가능하면 사용 후 전체 소독하기

나는 이것을 지키며 살기가 이렇게 힘들 줄 몰랐다. 첫날부터 아내의 손을 잡고 아이들을 안아 주고 뽀뽀해 주며 아내와

아이들을 느끼고 싶었다. 아내와 아이들을 만질 수만 있다면 무엇이든 했을 것이다. 신체적 친밀함이 균형 잡힌 정신을 위해 얼마나 중요한지 충분히 알게 되었다.

에릭

새끼 원숭이든 아이든 어른이든 신체적 친밀함은 사회적 동물에게 반드시 필요하다(신체적 친밀함은 사람들과 맺는 지적인 친밀함과 같은 것이다. 그러니 커피 자판기 앞에서 만나 나와 지적인 친밀함을 나누는 동료에게 따뜻하게 안아 달라는 부탁은 하지 말자.)

신체 접촉에는 여러 형태가 있을 수 있다. 동료들과 아침 인사를 할 때 악수를 하거나 어깨를 두드리는 것도 방법이다. 친구의 손을 꼭 감싸며 위로해 주는 것도 좋다.

작지만 친절한 행동들은 우리가 더 행복하도록 해 준다. 특히 포옹은 오늘날 과학자들 사이에서도 만장일치로 지지를 받는 행동이다.

미국 심리학자 셸던 코헨Sheldon Cohen[30]은 포옹이 겨울철 바이러스와 추위를 더 잘 견디게 한다는 것을 입증했다. 그는 다음 연구를 수행하며 이 결론에 도달했다. 피험자 406명을 2주 동안 매일 조사하여 포옹을 했는지 또는 다툼이 있었는지 알아보았다. 그리고 이 기간이 끝난 후 피험자들에게 감기 바이러스를 접촉시켰다. 셸던 연구팀은 다른 사람의 온기를 느끼고 또 응원을 받은 사람들은 감염 증상이 완화되었지만 다툼에 휘말렸던 사람들은 더 쉽게 병에 걸리는 것을 확인했다.

이 결과를 보완하는 다른 연구들도[31] 있다. 포옹을 하면 행복 호르몬인 옥시토신이 분비되고 동시에 심장 박동이 안정되며 혈압도 내려간다. 이처럼 모든 결과가 우리에게 다정해지자고 권하고 있다.

미국 심리학자 버지니아 사티어Virginia Satir는 "생존하려면 하루에 4번 포옹하고, …… 움직이려면 하루에 8번 포옹하라. 그리고 …… 성장하려면 하루에 12번 포옹하라."라고 조언하기도 했다.

여러분이 마지막으로 누군가를 안아 준 날이 언제인가? 누구를 (반려동물도 포함) 안아 주었는가? 안아 주거나 상대방이 안아 준 횟수는 하루에 몇 번인가?

Let's do it

연습 1 — 감사할 일을 떠올려 보자

감사함을 느낀다는 것은 '어떤 사람에게 고마워하고 싶은 마음'뿐만이 아니라 주어진 모든 것(꼭 물질적인 것을 의미하지 않음)에 기뻐할 수 있다는 것이다. 달리 말하면 삶 그 자체는 물론이거니와 나에게 주어진 것들을 누릴 줄 안다는 것이고 주위 사람들에게 그것을 베푸는 것이다.

감사함을 느끼는 능력을 기르기 위해서는 감사한 것들 다섯 가지를 매주 한 번씩 나열해도 좋다.

이 연습은 참 흥미롭다. 아마 처음에는 건강, 가족, 친구, 일 등에 감사할 것이고, 몇 주가 지나면 밤에 나를 맞아 주는 따뜻한 목욕물과 포근한 침대와 같은 물질적인 것에 감사한다. 그리고 마지막에는 길에서 만난 아이의 미소나 아침 라디오에서 들은 기분 좋은 음악처럼 간단하고 소소한 행복에 감사하게 된다. 결국 이 모든 것이 삶의 작은 활력소인 것이다.

이 연습을 여러 번 되풀이했다면 사람들끼리 돌아가며 말로 표현하는 것도 중요하다. 이때 다른 사람이 한 말을 중간에 자르거나 판단하면 안 된다.

연습 2 — 모든 관심을 쏟자

누군가의 이야기를 들을 때는 먼저 주의를 기울이자. 대화의 흐름을 자신

쪽으로 끌고 오려는 것을 스스로 인식했다면 과연 옳은 방법인지 잠시 생각하자(서로 경험을 공유하면 해결책을 찾는 데 도움이 되는 상황도 있기 때문이다).

반대로 내가 고민을 털어놓고 있는데 상대방이 자신의 경험을 공유하겠다는 좋은 의도에서 말을 끊었다고 해 보자. 내 이야기를 더 들어줬으면 하는 마음이 든다면 이렇게 말하자. "내 상황을 좀 더 말하고 싶은데 조금 있다가 말해 줄 수 있을까? 나중에 네가 이야기할 때 집중해서 들을게."

연습 3 — 상대방을 먼저 안아 주자

진실된 포옹은 다른 사람을 팔로 완전히 품고 가슴에 꽉 안아 주는 것임을 기억하자. 프랑스 임상 심리학자 셀린 리비에르Céline Rivière는 적어도 20초간 이 상태를 유지해야만 정말 좋은 포옹이라고 강조한다. 이 순간이 길게 느껴진다면 매일 짧게 다섯 번이라도 안아 주자.

자신에게 포옹이나 '온기'를 느낄 수 있는 행동들이 부족하다면 먼저 가장 가까운 사람이나 반려동물을 안아 주면 어떨까?

또 하나의 틀 깨기

친절한 사람들은
나쁜 사람에게
끌리는 경향이 있다

이 책은 개인의 성별과 성적 지향에 관계없이 모든 사람을 대상으로 쓰였다. 하지만 우리 저자들은 친절이 좋아하는 이성을 유혹하는 데 지장을 준다고 생각하는 사람들 때문에 생기는 혼란을 모른 척 넘어갈 수가 없다. 우리는 그런 사람들을 위해 이 장을 썼다.

나쁜 사람, 그게 뭐지?

　문학에는 사람을 사로잡는 능력이 뛰어난 나쁜 사람, 특히 나쁜 남자의 예가 무수히 등장한다. 사회와 신의 권위에 도전했던 돈 주앙은 사회와 도덕의 규칙을 거부하며 여자들을 유혹하는 데 평생을 보냈다. 사람들을 좌지우지하던 방탕한 발몽 자작[32]은 여자들을 유혹하는 것을 도전이라 여기며 즐겼다. 문학에서 영화로 넘어가면 어떤 여자도 저항하지 못할 나쁜 남자를 제대로 보여 주는 제임스 본드가 있다. 최근에는 매력적인 크리스찬 그레이의 손아귀에 들어간 아나스타샤 스틸이 성적으로 종속되어 가는 과정을 보고 수백만 명의 독자들이 열광했다.[33]

영화 스크린에서 나쁜 남자를 구현하며 마음을 뒤흔든 배우들을 일일이 나열하기란 불가능하다. 제임스 딘, 클린트 이스트우드, 알 파치노, 로버트 드 니로, 안소니 홉킨스, 조지 클루니, 뱅상 카셀, 조이 스타르……. 이 배우들이 연기한 인물에게 마음을 빼앗긴 적이 없다는 여자들만 우리에게 돌을 던져라!

보통 나쁜 이성이라고 할 때 들 수 있는 특징이 있다. 그들은 대체로 거만하고, 혈기왕성하고 열정적이며, 마음대로 행동하는 경향이 있다. 이러한 나쁜 사람의 특징들을 읽다 보면 몇 가지는 이성을 사로잡는 데 효과가 있다는 것을 직감적으로 쉽게 알 수 있다. 하지만 모든 이성이 다 넘어가지는 않는다. 그렇다면 나쁜 이성을 만났을 때, 어떤 점에서 끌릴까?

나쁜 이성은 신비로우며 상상력을 자극한다

사랑하는 사람을 만났을 때 나와 다른 사람을 알아가는 단계는 언제나 중요한 순간이다. 자신을 좀처럼 드러내지 않는 이성이라면 이 단계는 오랜 기간이 걸리기도 한다. 굳은 표정 뒤에 감춰진 생각들을 알아맞히는 것도, 눈썹 한번 추켜올리는 행동이 무슨 의

미인지 추측하는 것도 어떤 사람에게는 의욕이 샘솟는 도전처럼 느껴진다.

나쁜 이성과 함께라면 지루할 틈이 없다

나쁜 이성에게 사로잡힌 연인은 주로 삶이 무미건조하고 쳇바퀴를 도는 것 같다고 생각하는 사람이다. 나쁜 이성과 함께라면 어떤 일이 기다릴지 알 수 없지만 새로운 모험을 겪고 자신의 안전지대를 벗어난다는 점은 분명하다. 흥분되지 않는가. 나쁜 이성은 삶을 만끽하고 강렬한 감정을 퍼트린다.

나쁜 이성은 금지된다

나쁜 이성이 이상적인 배우자의 기준에 맞지 않는다는 것은 틀림없다. 나쁜 이성을 만나는 것은 그동안 받아 온 교육과 부모에게 반항하며 벗어나겠다는 수단이다. 메시지는 분명하다. "이제 저는 어린애가 아니라고요!"

나쁜 이성은 내가 꿈꾸던 사람일지도 모른다

앞에서 살펴보았듯이 나쁜 이성, 특히 나쁜 남자의 경우 문제가 있는 경우가 많다. 하지만 '간호사 증후군'을 앓는 여자들은 괴로움에 빠진 연인을 만나 고통에서 벗어나도록 돕고 싶어 한다. 겉으로는 냉혈한처럼 보이지만 섬세하고 상처받은 연약한 마음의 남자를 만났다고 확신하며, 내가 꿈꾸던 동화 속 왕자님의 모습을 드러내게 하려고 노력한다(예를 들어 지금까지는 건강한 정신을 가진 것 같던 친구가 누가 봐도 별로인 남자 친구를 사귀더니 나한테만큼은 너무 세심하고 친절한 남자라고 말한다고 치자. 그렇다면 매우 당황할 것이다. 그 친구는 남자 친구가 "너는 세상에 하나뿐인 존재."라고 말했다고 한다. 당연히 그럴 것이다).

그렇다면 친절은 어떨 것 같은가? 유혹의 상징일까? 한번 살펴보겠다.

친절한 연인을 선호하는 사람

여성에게 정말 바라는 이상형이 무엇이냐고 물어보면 이야기는 완전히 다른 쪽으로 흘러간다.

2011년 정신 의학자이자 성의학자인 필리프 브르노Philippe Brenot[34]는 15살에서 80살 사이의 여성 3천 명 이상을 대상으로 설문 조사[35]를 하고 통계와 경험담을 상세하게 담은 책[36]을 펴냈다. 동반자의 어떤 점이 좋은지 물었더니 친절, 다정함, 관심이라는 대답이 주로 나왔다. 성적 흥분을 자극하는 요소도 자세히 연구했더니, 똑같은 특징이 나왔다. 친절한 행동은 여성의 긴장을 풀어 주면서 성생활에서 충만함을 느끼게 해 준다. 반대로 난폭한 행동이나 섬세하지 못한 행동(기분 나빠함, 거침)만으로도 여성의 욕구에는 브레이크가 걸린다.

최근에는 전 세계 6만 4천 명의 여성(성적 지향과 무관함)을 대상으로 설문 조사를 하여 오랫동안 인연을 맺을 동반자가 지녔으면 하는 점이 무엇인지 알아보았다.[37] "동반자를 고를 때 가장 중요하게 생각하는 점은 무엇인가요?"라는 질문에 응답자들은 주로 이렇게 대답했다.

- 친절(88.9%)
- 격려(86.5%)
- 지성(72.3%)
- 학력(64.5%)
- 신뢰(60.2%)

반면에 몸이 좋거나 잘 생긴 얼굴, 야망, 자기주장, 경제적 안정은 오랜 기간 함께할 동반자를 선택하는 데 그리 중요하지 않았다.
정리하면 여성 대다수가 진정한 관계를 맺기 위해 친절이라는 특징을 추구했다. 이를 보면 나쁜 이성은 상대방을 유혹할지 몰라도 결국 함께하는 이성은 친절한 사람이다.

겉모습 너머를 봐야 한다

내가 남편을 만난 곳은 이탈리아 클럽 메드였다. 대놓고 유혹하려는 미혼 남성이 즐비한 유혹의 천국에서 관심 없다는 분위기를 풍기며 비판조로 일관하던 샤를은 금세 내 눈에 들어왔다. 나는 그의 '나쁜 남자' 스타일에 끌렸지만 그것은 일면에 불과하며 그 뒤에는 정말 친절한 남자가 숨어 있음을 곧 알아보았다. '이 커플은 여름휴가가 끝나면 헤어질 것'이라며 늘상 그렇듯 부정적인 이야기만 늘어놓고 다니는 사람들도 한둘이 아니었다. 하지만 다행히 우리 두 아이들은 세상에서 가장 친절한 아빠를 갖는 행운을 얻었다. 그들이 틀린 것이다.

아망딘

너무 친절해서 문제인 연인

얼어붙은 연인

26살인 토마는 1년 반째 아녜스와 함께 지내는 중이다. 아녜스를 너무 사랑하는 토마는 아녜스에게 항상 관심을 보였고 마음으로 선택한 이 여자를 즐겁게 할 수 있다면 무엇이든 했다. 하지만 토마는 아녜스가 그만큼 사랑을 돌려주지 않는다는 막연한 느낌이 들었다. 아녜스는 몇 달 전부터 조금 거리를 두는 것 같았다.

아녜스의 생일날, 토마는 가장 근사한 생일 파티 준비를 마쳤다. 낭만적인 레스토랑에서 촛불을 켠 채 저녁 식사를 했으며 아름다운 시계를 선물했다(오래된 시계가 수명을 다했다고 최근에 아녜스가 여러 번 말했다). 하지만 그날 저녁은 토마의 예상대로 돌아가지 않았다. 아녜스는 딴 생각을 하고 마음도 다른데가 있는 것 같았다. 토마는 결국 아녜스에게 직접적으로 질문을 하기로 결심했다.

"우리 사이에 무슨 문제 있어?"

그리고 다음에 한 아녜스의 대답을 듣고 토마는 당황했다.

"뭐라고 말해야 할지 모르겠어. 그냥…… 너는 너무 친절해."

이 말은 정확히 무슨 뜻일까? 시간 끌지 않고 분명하고, 확실하게, 정확히 답해 주겠다. 답은 경우에 따라 다르다.

지루하고, 뻔하고, 너무 이성적이야

이 책을 읽으며 이해했듯이 이런 성향들은 친절과 관련이 있다는 오해를 받는다.

따라서 이 말이 요구하는 숨은 뜻을 이해해야 한다. "나한테 못되게 굴어."는 분명 아니며 "우리 사이에 자극을 주고 나를 깜짝 놀라게 해 줬으면 좋겠어."일 것이다(예를 들어 주말에 깜짝 트레킹을 하거나 번지 점프를 하러 간다면 환영받을 것이다).

주장이 별로 없어, 내가 다 결정하게 만들어

연인의 기분을 좋게 만들려고 노력하는 것은 대개는 장점이다. 하지만 지나치지 않도록 조심해야 한다. 앞에서 살펴보았듯이 친절한 사람들은 타인의 욕구를 과도하게 맞춰 주는 경향이 있다. 사랑하는 사람의 욕구라면 더 그렇다. 이 경향이 지나치면 상대방은 혼자서 모든 것을 결정해야 한다는 느낌을 받아 짜증이 나고 불안해질 수 있다. 따라서 친절한 사람이 싫다고 말하며 한계를 정할 줄 안다면 언제나 유익하다.

나한테 정말 잘해 주지만, 나는 그것을 받을 자격이 없어

이별할 때 써먹기 좋은 케케묵은 표현일지 몰라도 자신은 연인에게 어울리지 않는다고 진심으로 생각하는 사람들도 있다. 자존감이 낮으면 관심과 사랑을 받을 자격이 없다고 생각하며 특히 더 친절하고 존중해 주는 연인 앞에서는 이 생각이 정점에 달한다.

이 말이 바라는 속뜻은 "나를 하찮게 대해 줘, 그게 나한테 맞아."가 아니라 "네 눈에는 내가 가치 있고 좋은 사람이라고 나를 안심 시켜줘."이다. 친절은 이 요청에 응답하기 좋은 강력하고 이로운 자질이다. 하지만 무슨 수를 써서라도 상대방을 '고치려고' 노력하다가 지나치면 독이 될 수도 있으니 선을 넘지 않도록 주의해야 한다.

너와 계속 함께할 만큼 너를 사랑하지 않아

받은 사랑을 돌려주는 방법을 몰라 자책하는 사람은 이 진실을 인정하기가 힘들며 솔직하게 털어놓기 더 힘들다. 그렇다고 진실을 감춘다면 결코 좋은 해결책이 아니므로 상대방이 마음 아파할 것을 알지만 용기를 내서 말하는 것이 낫다.

연인에게 "너는 너무 친절해."라는 말을 들었는데 연인의 감정에 의구심이 든다면 직접 물어보는 것이 가장 좋다.

이제는 싫어

그렇다. 규칙에도 예외는 있다. 친절의 가치를 모르고 친절을 싫어하는 연인도 늘 있기 마련이다. 다른 연인을 생각하면 오히려 좋은 일이다. 나의 친절한 성향을 버리지 말고 갈 길을 가자. 이제 알았듯이 세상에는 나 같은 사람을 기다리는 연인이 수없이 많다.

친절함을 인정하고 장점으로 활용하자

이번 장에서 놓치지 말아야 할 생각을 한 가지만 고르라면, 친절은 사랑하는 사이에서 추구해야 할 중요한 가치라는 점이다.

친절한 남성 또는 여성들이여, 자신이 친절하다는 것을 인정하자. 그러면 누군가를 연인으로 만들고자 계획을 세웠을 때 이를 장점으로 활용할 수 있다. 그렇다고 자신을 잊거나 상대방의 욕구를 존중하다 자신의 욕구를 무시하지 않도록 주의하자.

나쁜 사람 콘셉트가 마음에 든다면 옷차림에 신경 쓰며 나쁜 사람인 것 같은 분위기를 풍기려고 노력해도 된다. 이때도 친절한 사람이라는 점을 느낄 수 있도록 유의하자. 중요한 것은 있는 그대로

의 내 모습을 지키는 것이다. 슬픈 영화 앞에서 눈물을 주체하지 못하는 사람이라면 냉혈한처럼 보이려고 굳이 애쓰지 말자.

Let's do it

연습 1 — 지금 혼자라면

첫 만남부터 나는 착하고 친절하다는 것을 상대가 느낄 수 있게 하자. 이것은 상대방에게 매력을 느끼게 할 방법이다. 효과를 보려면 어떤 방법을 실천할 수 있을지 적어 보자.

☐ 행동(예 — 레스토랑 대기석에 빈자리를 남겨 둔다)

_____

_____

☐ 말(예 — 재치 있고 적절하게 칭찬하는 말을 한다)

_____

_____

☐ 태도(예 — 대화 도중 동감한다는 뜻으로 고개를 끄덕인다)

_____

_____

연습 2 — 지금 연인이 있다면

 일상적인 태도나 습관이 나의 친절함을 제대로 표현하지 못한다면 고치겠다고 마음먹자. 다정한 말, 작은 선물 또는 세심한 관심이든 상상력을 발휘하여 내 안의 친절을 표현하여 사랑하는 연인의 마음을 흔들어 보자. 떠오른 아이디어가 있으면 모두 적어 보자.

맺으며

딱 필요한 만큼만
친절하자

이성적으로 친절을 선택하자

검증된 수많은 사실과 실험을 보면 아기들은 '선천적으로' 착하다는 생각이 든다.[38] 2007년 예일 대학교에서 진행한 실험에서는 생후 6개월 된 아기들에게 사람 세 명이 나오는 장면을 보여 주었더니(한 명은 힘들게 나무에 오르고 있었고, 다른 한 명은 그 사람을 도왔으며, 또 다른 한 명은 그 사람을 방해했다) 아기들이 협동적인 사람을 선호하는 것으로 나타났다. 다른 실험에서도 아기들은 다른 아기들이 울자 달래 주려고 했다. 예를 들면 인형을 찾으러 가거나 어른이 들어와 우는 아기를 안아 줄 수 있도록 하려고 스스로 문을 열었다.

이랬던 우리 인간이 나빠지는 것은 언제부터일까?

우리는 어렸을 때부터 외부(부모와 주위 사람들의 행동, 생활환경, 특별

한 사건 등)의 영향을 받고 긍정적인 감정과 부정적인 감정을 번갈아 느낀다. 이 모든 영향이 뒤섞여 우리의 개성을 형성하고 나 자신, 그리고 타인과 관계를 맺는 데 도움을 준다.

내면의 선함에 다가가려면 긍정적인 기분을 느끼며 자신을 가치 있게 여겨야 한다. 그렇지 않으면 우리를 가로막는 감정인 좌절과 원망을 곱씹게 된다.

내면의 전투에 대한 아메리칸 인디언의 전설

할아버지는 손자에게 사람이라면 누구나 늑대 두 마리와 함께 산다고 말했다. 한 마리는 두려움, 증오, 이기심의 늑대인 '악'이며, 다른 한 마리는 신뢰, 사랑, 선함의 늑대인 '선'이다. 이에 어린 손자는 그럼 마지막에 이기는 늑대는 어느 늑대냐고 물었다.

현명한 할아버지는 아무렇지 않게 대답했다. "네가 잘 먹인 늑대란다."

홀로코스트 역사 전문가인 유대계 미국인 역사학자 모데카이 팔디엘Mordecai Paldiel이 "선함이 신비로운 이유를 타인에게 찾지 말고 자신에게서 다시 발견하자."라고 말한 것처럼 우리 모두는 자신에게 알맞다고 생각되는 선함의 수준을 정할 수 있다. 이를 통해 타인을 어느 정도로 친절하게 대할지 결정할 수 있으며, 지금까지 이 책에서 살펴본 것처럼 남에게 이용당하지 않고 나 자신을 잊지 않을 수 있다. 그러기 위해서는 친절과 감정의 연관성을 이해하는 것이 중요하다.

친절을 키우기 위해 자신의 모든 감정을 활용하자

감정은 기폭제가 되는 사건이 있을 때 그에 대한 반응으로 느닷없이 나타나는 것으로 갑작스러우면서도 순간적인 정서 상태를 말한다. 따라서 짧게 스치듯 지나간다는 특징이 있지만 강도는 다소 강렬하다. 정신(생각, 판단 등)과 신체(얼굴이 붉어짐, 몸이 떨림 등과 같은 신체 증상)에 동시에 영향을 주는 경우에 감정은 자극에 대한 정신 생리학적 반응이기도 하다.

무한한 감정의 장

감정 전문가이자 감정 연구의 개척자인 미국 심리학자 폴 에크먼Paul Ekman은 기쁨, 두려움, 분노, 슬픔, 놀라움, 혐오라는 보편적인 여섯 가지 1차 감정을 파악했다. 그러나 우리의 감정 영역은 이보다 훨씬 넓은데 1차 감정 두 개가 합쳐진 '복합적' 또는 '2차' 감정도 존재하기 때문이다.

가령 두려움이 분노와 섞이면 수치심이 되지만 기쁨과 연결되면 죄책감을 낳는다. 우리는 실로 다양한 감정을 느낄 수 있으며 개인, 문화, 사건에 따라 그 강도가 다르다.
감정은 흔히 다음과 같이 분류된다.

- '긍정적인' 감정인 기쁨, 도취, 열광, 흥분 등 ― 우리를 기분 좋게 만든다.
- '부정적인' 감정인 슬픔, 실망, 분노, 배신감 등 ― 우리를 기분 나쁘게 만든다.

첫 번째 감정을 많이 느끼고 싶다면 두 번째 감정을 숨기면 안 된다. 두 번째 감정도 유용하기 때문이다. 사실 모든 감정에는 긍정적인 의도가 있다. 부정적인 감정은 우리에게 부적합한 상황이 벌어졌으니 어서 행동에 나서라고 강하게 조언한다.

감정을 겉으로 표현하지 않으면 안으로 스며든다

내가 어렸을 때 우리 부모님은 "사람은 울지 않는다.", "사람은 강인해야 한다.", "어떻게 느끼는지 표현하지 마라, 그건 약자나 하는 행동이다." 같은 가훈을 정하고 감정을 잘 조절해야 한다고 가르쳤다.
30년을 살아오는 동안 나는 내 감정과 싸우며 감정에 귀를 기울이지 않았으며 회사에서나 집에서나 어떤 감정도 드러내지 않으려고 조심했다. 아버지 장례식에서도 울지 않았다.

하지만 매일 내면에서 깊은 슬픔을 느꼈고 사는 게 버거웠으며 우울증의 전조도 알아차리지 못할 만큼 심한 우울증에 빠져 버렸다.

나를 치료하던 심리 상담가는 "감정을 겉으로 표현하지 않으면 안으로 스며들어요."라고 말했다. 그의 말이 맞았다. 표현하지 않은 말과 억눌린 감정들은 내 몸에 스며들었고 나는 심한 위병과 만성 피로 때문에 고통받고 있었다.

나는 곧 나 자신에게 귀를 기울이는 법을 배웠고 내 감정을 파악하여 이해하고 표현하며 활용하는 법도 배웠다. 그러자 훨씬 나아졌으며 지금은 더 행복하다.

마크

소위 부정적이라고 불리는 감정들은 우리가 어떤 것을 원하는지 의식을 일깨워 주고 욕구를 이해하고 충족시키는 데 필요한 열쇠를 준다. 가령 불의에 직면했거나 위협받았다거나 존중받지 못했다고 느끼면 분노가 든다. 이 경우, 분노는 행동에 나서는 데 꼭 필요한 에너지를 제공하여 우리 나름대로 선을 정해서 사람들에게 존중받도록 유도한다.

이와 마찬가지로 두려움을 느끼거나 걱정이 될 때는 어떤 위험이 닥칠지 그려 보면서 그 위험에 대비하기 위한 다양한 선택지를 고려할 수 있다.

친절은 긍정적인 감정을 낳는다

친절한 행동은 두 가지 면에서 자연스럽게 긍정적인 감정을 낳는다.

친절한 행동으로 혜택을 입으면 기쁘고 감사한 마음이 드는 것은 분명하다. 하지만 심리학자들은 본능이라고 설명하기 힘든 현상도 나타난다는 점을 밝혀냈다. 소냐 류보머스키는 이를 '이기적인 이타주의'라고 불렀다. 그는 피험자들에게 매일 다섯 가지씩 착한 행동을 하라고 했더니, 이후 통제집단(실험 설계에서 처치를 받은 집단의 효과를 비교하기 위한 대상으로 설정하는 처치를 받지 않은 집단 — 역자 주)에 비해 더 행복하다고 말하며 실험이 끝나도 그 기분이 지속되는 것을 확인했다.

대미를 장식하는 것은 감정은 대단히 잘 전이되므로 타인의 친절로 혜택을 입은 사람은 틀림없이 다른 사람에게 친절을 베푼다는 것이다. 이렇게 점점 친절이 점점 더 퍼져 나가게 된다.

친절은 감정 조절기다

친절한 사람은 이유 없이 겪는 갈등을 피하려고 하므로 부정적인 감정을 일으키는 원천을 제한할 수 있다.

부정적인 감정에 직면하면 긍정적인 반사 행동이 나타나 친절하고 호의적인 주위 사람에게 마음을 털어놓고 도움을 구하게 된다. 고민을 나누면 짊어지기 훨씬 가볍기 때문이다.

친절한 사람이 감정 이입, 즉 타인의 감정을 이해하는 능력을 키우면 일에서든 사생활에서든 부정적인 감정에 휩싸인 사람들의 말을 귀담아 들으며 위로할 수 있다.

제대로 질서 잡힌 친절은 나 자신에게서 시작된다. 스스로를 호의적으로 대하면 감정이 우리를 침몰시키려고 위협할 때도 제어할 수 있다. 나 자신을 부정적으로 판단하지 않고 자신의 감정을 받아들이면 긍정적인 태도를 유지할 수 있으며, 타인에게 난폭하게 감정을 쏟아내지 않고도 유익한 방법으로 감정을 조절할 수 있다.

딱 알맞은 친절의 길을 향한 '네 가지 약속'

《네 가지 약속》은 1997년 멕시코 샤먼 미겔 루이스Miguel Ruiz가 쓴 미국 베스트셀러다. 미겔 루이스는 혼자 추측하며 주위 환경과 연관 지어 자신의 한계를 단정 짓는 그릇된 믿음과 작별하기 위해 스스로와 네 가지 약속을 하자고 제안한다.

내 말이 모두 맞는 것은 아님을 기억할 것

미겔 루이스는 진심을 담은 말은 하되, 자신을 공격하거나 타인을 험담하는 말은 하지 말라고 권한다. 적정히 착하고 친절하고 싶다면 부정적인 자기비판("나는 형편없어.", "나는 절대 해낼 수 없어." 등)을 일삼는 내면의 목소리를 조용히 시키고 무엇보다 스스로 이 원칙을 적용하는 데 신경 쓰자. 만족감과 자부심을 느끼고 싶다고 대단한 업적을 이룰 때까지 기다리지 말고, 자신의 장점과 성공을 일부러라도 가치 있게 만들 기회가 오면 놓치지 말자(그렇다! 처음 요리를 잘 만들었을 때도, 운동을 다시 시작했을 때도, 가족 생일 파티를 성공적으로 준비했을 때도 당당히 자부심을 느낄 수 있다). 아무 이유 없이 타인을 험담할 때는 자신이 지금 무엇을 하는지 깨닫자. 당장은 위로가 될지 몰라도 돌아보면 오히려 불쾌감만 남을 것이다.

무슨 일이든 내 개인적인 일로 여기지 말 것

미겔 루이스는 타인의 행동과 생각은 그 사람의 현실을 반영한 것이라고 강조한다. 이 말을 잘 생각하면 타인의 행동과 생각을 내 문제로 삼으며 괴로워하는 것을 피할 수 있다. 누군가 나를 비난하거나 말로 공격했다면 그가 한 말에서 한 발 물러나자. 그 말에서 되새기고 싶은 것이 있는가? 교훈이 될 만한 내용이 있는가? 만약 그렇다면 넓은 마음으로 그의 비난을 받아들이자. 이 비난은 나라는 사람의 가치를 문제 삼은 것이 아니라 어쩌면 나의 행동이나 업무 내용 또는 내가 입은 땡땡이 무늬 셔츠에 대해 다시 한 번 생각해 보라고 권하는 것이다.

그 비난에 도움이 될 부분이 없다고 여겨진다면 그 사람은 나와 직접 관련이 없는 자신만의 상황, 맥락 또는 감정에 대응하려고 그렇게 말했을지도 모른다. 한 발 물러나 생각하면 공격성에 빠지지 않고 스스로 존중받으며 긍정적으로 반응할 수 있다.

그 무엇도 혼자서 짐작하지 말 것

우리에게 일어나는 서로 다른 상황을 이해하려고 이런저런 가정을 세우는 것은 자연스럽다. 하지만 세 번째 약속은 내가 원하는 것을 표현하고 타인이 원하는 것을 이해할 수 있도록 타인과 명쾌하게 소통하라고 권한다. 친구에게 전화로 메시지를 남겼는데 며칠이 지나도 연락이 없다면? 나에게 화가 나서 그런 것이라고 추측하며 그 이유를 납득하려다 근심에 빠지지 말고 다시 메시지를 남기며 소식이 없어서 걱정되니 연락해 달라고 해 보자. 직접 말한다면 문제가 무엇인지 물어볼 수 있으며 나의 어떤 행동이 친구를 불편하게 한 것은 아닌지 말해 달라고 할 수 있다. 아니면 친구가 만난 지 1주일밖에 안 된 잘 생기고 매력적인 남자와 완벽한 사랑에 빠졌기 때문인지도 모른다. 무엇이든 간에 직접 물어봐야 친구도 말해 줄 수 있다.

늘 최선을 다할 것

야심찬 목표를 세우면 유용할 때도 많지만 지나친 압박감은 근심과 고통을 불러오는 원인이 된다. 이 약속은 착하고 친절해지는 데 특히 적합하다. 여러분이 지나치게 친절하다면 자신을 잊고 에너지를 소진할 위험이 있다. 그렇다고 충분히 친절을 베풀지 않는다면 후회하고 자책할 위험도 크다. 완벽해지려고 하지 말자. 딱 진실 되게 그리고 활기차게 발전하려고 노력하자.

친절을 표현하는 나만의 방법을 발견하자

친절을 표현하는 방법은 다양하므로 가장 적합한 방법을 찾는 것은 나 자신의 몫이다. 활용할 만한 몇 가지 아이디어를 소개해 보겠다. 이 아이디어들 외에 원하는 아이디어를 자유롭게 추가해도 좋다.

친절을 표현하는 첫 번째 매개체는 '말'이다
친절해야지 생각하면서도 소심하거나 잘못 전달될까 봐 두려워서 큰 목소리로 말하지 않은 적이 있는가? 그렇다면 정말 안타깝다! 진심에서 우러나와 '대가를 바라지 않는' 칭찬은 받는 사람을 항상 즐겁게 한다. 머릿속에 떠오르는 긍정적인 생각을 포착하여 말로 옮겨 보자.

감동적인 순간

며칠 전 길을 가는데 벤치에 앉아 있던 정장 차림의 노신사에게 눈길이 갔다. 나는 그 옆을 지나가며 정말 근사하고 보기 좋다고 말했다.
노인의 얼굴이 환해지더니 활짝 미소 지으며 진심으로 나에게 감사했다. 그 모습에 나도 감동을 받았다. 기분 좋게 가던 길을 가며, 언젠가 저 나이가 되었을 때 길에서 마주친 누군가에게 진심어린 칭찬을 들었으면 좋겠다고 생각했다.

델핀

친절한 마음도 좋지만 행동으로 표현하면 더 좋다

기관에서 하는 봉사활동처럼 친절에 많은 부분을 할애하는 활동에 참여할 수도 있다. 하지만 친절을 행동으로 옮기는 가장 좋은 방법은 일상의 소소한 행동으로 시작하는 것이다. 길을 헤매는 사람에게 길 안내해 주기, 이사하는 친구 도와주기, 일이 많은 회사 동료 도와주기, 노숙자와 대화하기, 지인에게 작은 선물 주기 등 친절하게 행동할 기회는 무궁무진하니 상상의 나래를 마음껏 펼치자!

친절한 태도는 작은 것이라도 효과가 뛰어나다

사람들이 고민을 나누고 싶어 할 때 단정 짓지 않고 진지하게 관심을 보이며 귀담아 들어 주는 것. 어려울 때 그냥 옆에 있어 주는 것. 기쁠 때도 옆에서 타인의 행복을 함께하는 것. 이러한 소소하지만 친절한 태도는 나와 타인 모두를 기쁘게 한다.

다른 사람의 말을 잘 듣고 있다는 것은 눈빛으로도 표현된다. 눈빛은 친절의 진정한 매개체다(어디서나 마스크를 써야 했던 코로나-19 팬데믹 시기를 보내면서 눈빛이 얼마나 중요한지 알게 되었다고 강조하고 싶다).

끝으로 사랑하는 사람이든 지나가다 마주친 모르는 사람이든 그들에게 미소를 지어 보자. 미소를 짓는 것만으로도 친절을 나타내는 것이다. 긍정적인 태도는 여기저기 잘 퍼진다. 먼저 미소를 지었는데 그 미소를 돌려주지 않는 사람은 거의 없다(정말이다. 마스크를 써도 그렇다. 미소 짓는 표정은 티가 나기 때문이다).

작가의 말

우리 두 저자가 이 책을 쓰면서 즐거웠듯이 독자들도 재미있게 읽었길 바란다.

우리가 코칭 활동을 하면서 만난 사람 중에는 지나치게 친절을 베풀다가 자신을 잊었다고 느끼거나 상대방을 기쁘게 해 주려다 걸핏하면 원치 않은 상황을 겪는 사람이 많았다.

우리는 그들의 성격을 바꾸려고 노력하기보다 자신감을 되찾고 자기주장을 키울 수 있도록 동행하는 작업에 나섰다.

그리고 그들을 보며 이 책을 써야겠다는 영감을 얻었다. 이제 여러분도 스스로를 꽃피울 수 있도록 자신만의 선을 정하기 위한 열쇠를 찾기 바란다.

우리와 교류하고 싶거나 문의하고 싶은 것이 있다면 우리 홈페이지 www.positiel.com에 메시지를 보내 달라. 기쁜 마음으로 답변하겠다. 또한 SNS에서도 우리를 만날 수 있으니 언제든지 찾아오길 바란다.

미주

1 맥칸MacCann, C.(2010), 〈표준 지능으로서의 감정 지능 추가 조사: 유동적 지능, 결정적 지능, 감정 지능의 잠재 변수 분석. 성격과 개인차Further examination of emotional intelligence as a standard intelligence: a latent variable analysis of fluid intelligence, crystallized intelligence, and emotional intelligence. Personality and Individual Differences〉, 49(5), 490-496; 다른 예도 있다. 코르소Corso, S. M. (2001), 〈사춘기의 감정 지능: 영재성과 어떤 관계인가Emotional intelligence in adolescents: how it relates to giftedness(석사 논문)〉, 웨스턴 켄터키 대학교, 켄터키.

2 자플랭 E., 《친절의 작은 찬가Petit Éloge de la gentillesse》, J'ai Lu, 2015.

3 샤를 페팽, 《단 한 걸음의 차이 자신감La Confiance en soi, une philosophie》, Allary, 2018.

4 보엠Boehm J.K, 류보머스키 S., 〈지속가능한 행복의 약속The Promise of Sustainable Happiness〉, The Oxford Handbook of Positive Psychology, 제2판, 2009.

5 2015.9.23, 〈PLOS One〉 저널에 게재된 연구. https://journals.plos.org/plosone/article?id=10.1371/journal.pone.0136492

6 바르샤바 과학 아카데미의 사회 심리학자인 쿠바 크리스가 진행한 연구. 서로 다른 문화권 44곳에서 온 5,216명에게 미소 짓는 사람과 그렇지 않은 사람의 사진을 보고 지

능과 정직함을 평가하라고 했다. https://link.springer.com/article/10.1007/s10919-015-0226-4#copy rightInformation

7 르 브르통Le Breton D.(스트라스부르 대학교 사회학 교수), 《평범한 열정 *Les Passions ordinaires*》, 감정 인문학, Payot, 2004.

8 〈Süddeutsche Zeitung〉에 게재된 실험. https://www.sueddeutsche.de/karriere/ studie-laecheln-im-akkord-1.554848

9 https://travail-emploi.gouv.fr/IMG/pdf/2010-081-2-2.pdf

10 폴라 니덴털Paula Niedenthal과 에이드리엔 우드Adrienne Wood의 연구(위스콘신 대학교), 〈Trends in Cognitive Sciences〉 저널에 게재됨, 2016년 2월.

11 1천 명 이상을 대상으로 한 2015년 IPSOS 조사.

12 특히 다음 책을 참고하면 좋다.
로젠버그 M.B., 《비폭력대화 — 일상에서 쓰는 평화의 언어, 삶의 언어》.
로젠버그 M.B., 《상처 주지 않는 대화 — 갈등을 해결하고 관계를 회복하는 비폭력대화의 기술》.

13 브리저Bridger RS., 데이Day AJ., 모턴Morton K., 〈직무 스트레스와 이직률Occupational Stress and Employee Turnover〉, Ergonomics, Volume 56, 2013 - Issue 11, 1629~1639쪽.

14 아자그바Azagba, S., 샤라프Sharaf, M.F., 〈심리적 근무 조건

과 건강 관리 서비스 활용Psychosocial Working Conditions and the Utilization of Health Care Service〉, BMC Public Health 11, 642 (2011) doi:10.1186/1471-2458-11-642.

15 커디 A. 및 그 외, 〈다정함과 능력을 판단하는 원동력, 조직에 미치는 결과The Dynamics of Warmth and Competence Judgments, and their Outcomes in Organizations〉, Research in Organizational Behavior, Volume 31, 2011, 73~98쪽.

16 뉘베리Nyberg A., 알프레드손Alfredsson L., 테오렐Theorell T., 베스터룬드Westerlund H., 바테라Vahtera J., 키비메키Kivimäki M., 〈경영 리더십과 직원들의 허혈성 심장 질환: 스웨덴 WOLF 연구Managerial Leadership and Ischaemic Heart Disease Among Employees: the Swedish WOLF study〉, Occup Environ Med 2009;66:51 - .55. doi:10.1136/oem.2008.039362.

17 2014년 11월 〈Psychologie〉(FD/TS N° 112560)지를 위해 진행된 IFOP 여론 조사 결과, 프랑스인의 73%가 정치인들은 서로에게 더 친절해야 한다고 생각했으며 47%는 정치인들이 서로를 더 존중한다면 토론 수준이 높아질 것이라고 확신했다.

18 출처: Clinical Psychological Science - https://journals.sagepub.com/doi/abs/10.1177/2167702615611073

19 셀리에 H., 《힘들지 않은 스트레스Stress sans détresse》, La Presse, 1974.

20 https://www.nature.com/articles/ncomms15964: 〈관대함과 행복의 뉴런 연결A Neural Link Between Generosity and Happiness〉

21 참조: Clinical Psychological Science - https://journals.sagepub.com/doi/10.1177/2167702618812438

22 다이어Dyer W.W, 《의도의 힘》.

23 토이스Thoits P.A., 휴이트Hewitt L.N., 〈봉사활동과 웰빙

Volunteer work and well-being〉, Journal of Health and Social Behaviour, 2001.

24 https://news.ubc.ca/2013/02/25/doing-good-is-good-for-you-volunteer-adolescentsenjoy- healthier-hearts/. 2013.2.26 보도자료.

25 반 오이언 위트빌릿Van Oyen Witvliet C. 및 그 외, 〈용서하기 또는 원망하기Granting Forgiveness or Harboring Grudges〉, Clinical Psychological Science, 2001.

26. 다음 책의 저자 《토끼 효과 — 획기적인 친절의 과학으로 더 오래, 행복하게, 건강하게 살기The Rabbit Effect: Live Longer, Happier, and Healthier with the Groundbreaking Science of Kindness》, Atria Books, 2019.

27 출처: American Journal of Public Health doi:10.2105/AJPH.2012.300876 online 2013.1.17, 〈타인에게 주기, 스트레스와 사망률의 상관관계Giving to Others and the Association Between Stress and Mortality〉.

28 르콩트 J., 《인간의 선함La Bonté humaine》, Odile Jacob, 2014.

29 특히 긍정심리학의 창시자이자 《마틴 셀리그만의 플로리시: 긍정심리학의 웰빙과 행복에 대한 새로운 이해》의 저자인 마틴 셀리그만Martin Seligman을 들 수 있다.

30 코헨 S. 및 그 외, 〈포옹은 스트레스를 완화하는 사회적인 수단인가? 상기도 감염증과 질병에 대한 민감성 연구Does Hugging Provide Stress-Buffering Social Support? A Study of Susceptibility to Upper Respiratory Infection and Illness〉, Psychological Science, 2015.2; 26(2):135-47. doi: 10.1177/0956797614559284. Epub 2014.12.19.

31 그루웬Grewen K. M., 앤더슨Anderson B. J., 거르들러Girdler S. S., 라이트Light K., 〈반려자와 다정하게 신체 접촉을 하

면 심혈관 반응성이 완화된다는 연관성이 있다Warm Partner Contact is Related to Lower Cardiovascular Reactivity〉, Behavioral Medicine, In press, 2003.

라이트 K. C., 그루웬 K. M., 아미코Amico J. A. 〈가임기 여성이 반려자와 자주 포옹하고 옥시토신 수치가 올라가면 혈압과 심박 수는 낮아진다는 연관성이 있다More Frequent Partner Hugs and Higher Oxytocin Levels are Linked to Lower Blood Pressure and Heart Rate in Premenopausal Women〉, Biological Psychology, 2005.4; 69(1):5-21. Epub 2004.12.29.

32 피에르 쇼데를로 드 라클로Pierre Choderlos de Laclos의 소설 속 등장인물, 《위험한 관계》.

33 제임스 E. L., 《그레이의 50가지 그림자》.

34 파리 데카르트 대학교 성의학 및 인간의 성 관련 교육부장, 국제부부관찰원Observatoire international du couple 대표.

35 분슈Wunsch S., 〈파트너의 욕구에 맞추기 위한 여성의 성적 욕구Sexual Needs of Women in Response to the Needs of their Partners〉, Volume 25, Issue 1, 2016년 1~3월, e20~e23쪽.

36 브르노 P., 《여성, 성과 사랑: 여성 3천 명이 말한다Les Femmes, le sexe et l'amour : 3 000 femmes témoignent》, Les Arènes, 2012.

37 〈이상적인 동반자 조사 결과 - 클루, 괴팅겐 대학교, 마이원 콘돔 협력The Results of the Ideal Partner Survey — A collaboration between Clue, the University of Göttingen and MyONE Condoms〉, 아만다 시어Amanda Shea, PhD, 리서치 데이터 분석가, 젠 벨Jen Bell, 작가, https://helloclue.com/articles/sex/idealpartner, 2019.11.10.

38 《루소, 장 자크를 심판하다 — 대화》에서 '자연은 인간을 행복하고 착하게 했다'고 했던 장 자크 루소가 보면 기뻐할 일이다.

참고 문헌

1. 델핀 뤼쟁빌 · 오렐리 페넬, 《비관주의자를 위한 낙관주의 수업 — 소소하지만 확실한 행복, 낙관주의 만나기》.
2. 마셜 로젠버그, 《상처 주지 않는 대화 — 갈등을 해결하고 관계를 회복하는 비폭력대화의 기술》.
3. 마셜 로젠버그, 《비폭력대화 — 일상에서 쓰는 평화의 언어, 삶의 언어》.
4. 마틴 셀리그만, 《마틴 셀리그만의 플로리시 — 긍정심리학의 웰빙과 행복에 대한 새로운 이해》.
5. 샤를 페팽, 《단 한 걸음의 차이 자신감》.
6. 소냐 류보머스키, 《How to be happy — 행복도 연습이 필요하다》.
7. 숀 아처, 《행복의 특권 — 행복하면 우리는 무엇을 얻을 수 있는가》.
8. 애덤 그랜트, 《기브앤테이크 — 주는 사람이 성공한다》.
9. 토니 셰이, 《딜리버링 해피니스》.
10. 프레데릭 라루, 《조직의 재창조 — 세상을 바꾸는 혁신적 조직 재창조에 대한 이야기》.
11. 델핀 뤼쟁빌 · 오렐리 페넬, 《나는 더는 꿈을 포기하지 않는다 *J'arrête de renoncer à mes rêves*》, Eyrolles, 2019.

12　셀린 리비에르RIVIÈRE, Céline, 《포옹 치료, 행복 처방전*La Câlinothérapie, une prescription pour le bonheur*》, Michalon, 2019.

13　에마뉘엘 자플랭JAFFELIN, Emmanuel, 《친절의 작은 찬가*Petit Éloge de la gentillesse*》, J'ai Lu, 2015.

14　이브 르 비앙LE BIHAN, Yves, 《긍정적인 리더*Le Leader positif*》, Eyrolles, 2016.

15　자크 르콩트LECOMTE, Jacques, 《인간의 선함*La Bonté humaine*》, Odile Jacob, 2014.

16　질 테노TENEAU, Gilles · 제랄딘 르무안LEMOINE, Géraldine, 《독소 처리자*Toxic Handlers*》, Odile Jacob, 2019.